中国网约车安全发展研究报告

中国交通运输协会 组织编写

人民交通出版社股份有限公司

北京

内 容 提 要

本书共包括6章,主要内容是网约车行业发展概述、网约车行业安全管理实践、网约车行业安全运营指标分析、网约车行业安全运营影响要素提取、网约车行业安全运营评价探索、网约车安全发展问题挑战与对策建议。

本书可供城市出租车行业客运管理机构、网络预约出租汽车平台公司及其安全运营管理部门、私人小客车合乘出行信息服务平台公司及其安全运营管理部门参考使用,也可供其他交通出行新业态管理与运营机构、交通出行新业态安全研究机构参考。

图书在版编目(CIP)数据

中国网约车安全发展研究报告/中国交通运输协会组织编写. —北京:人民交通出版社股份有限公司,2021.3

ISBN 978-7-114-17114-7

Ⅰ.①中… Ⅱ.①中… Ⅲ.①出租汽车—旅客运输—产业发展—研究报告—中国 Ⅳ.①F572.7

中国版本图书馆 CIP 数据核字(2021)第 037448 号

Zhongguo Wangyueche Anquan Fazhan Yanjiu Baogao

书　　　名：	中国网约车安全发展研究报告
著　作　者：	中国交通运输协会
责任编辑：	戴慧莉
责任校对：	席少楠
责任印制：	刘高彤
出版发行：	人民交通出版社股份有限公司
地　　　址：	(100011)北京市朝阳区安定门外外馆斜街3号
网　　　址：	http://www.ccpcl.com.cn
销售电话：	(010)59757973
总　经　销：	人民交通出版社股份有限公司发行部
经　　　销：	各地新华书店
印　　　刷：	北京虎彩文化传播有限公司
开　　　本：	787×1092　1/16
印　　　张：	8
字　　　数：	200千
版　　　次：	2021年5月　第1版
印　　　次：	2022年7月　第2次印刷
书　　　号：	ISBN 978-7-114-17114-7
定　　　价：	50.00元

(有印刷、装订质量问题的图书由本公司负责调换)

《中国网约车安全发展研究报告》编审组

组织编写单位：

中国交通运输协会

参与编写单位：

北京建筑大学

北京嘀嘀无限科技发展有限公司

神州优车集团

南京领行科技股份有限公司

车巴达（苏州）网络科技有限公司

欧拉信息服务有限公司

北京工业大学

审查组：

胡亚东　李　刚　李　华　张　暖　江玉林　金　懋

蔡少渠　陈艳艳　郭继孚　刘岱宗　裴玉龙　王武宏

王元庆　杨晓光　朱　巍

编写组：

荣　建　周晨静　刘文超　李　艳　冉　越

黎晓璐　林子赫　刘思扬　汤　婧　王　静

前　言

网络预约出租汽车(本书简称"网约车")以互联网技术为依托、通过网络服务平台接受约车人的预约请求,提供出租汽车运营服务。网约车服务兼具零工经济和平台模式两大属性,运力组织灵活高效,极大地契合了城市出行需求的潮汐特征,显著缓解了打车难的社会问题,已逐渐成为公众出行的重要选择。

网约车发展至今,经历了快速成长的"短跑"阶段,也经历了安全隐患、体验差异、效率不高等挫折与挑战。随着社会各界对新兴业态理性认识的回归,网约车行业正在转型升级,逐步进入安全第一、体验至上的"长跑"赛道。安全、便捷、服务已成为网约车企业存续发展的必要条件,其中,安全更是政府部门、社会公众、亿万用户的高度关切。为了客观、科学、全面地分析我国网约车行业安全发展态势,我们从网约车的发展历程着手,总结典型网约车企业安全管理实践,剖析网约车安全发展存在的主要问题和制约因素,分析网约车企业平台安全运营的影响要素及评价方法,并提出推动我国网约车安全发展的对策建议。

《中国网约车安全发展研究报告》(以下简称《报告》)是在全面收集相关数据资料基础上,结合对相关网约车企业的专题调研以及行业专家研讨后形成的。其中,关于网约车行业安全管理实践等信息主要来自滴滴出行、神州出行、T3出行、巴士管家、欧了出行等公司,关于网约车安全挑战和发展建议等内容存在思考和认知局限,欢迎大家批评指正。

本《报告》由中国交通运输协会组织发起,中国交通运输协会共享出行分会响应,在胡亚东会长的带领下,中国交通运输协会共享出行分会秘书长、北京工业大学荣建教授负责整体编写工作,北京建筑大学周晨静组织团队开展调研与资料分析,滴滴出行刘文超、李艳编写第1章、第3章、第6章内容,北京建筑大学冉越编写第2章及第4章部分内容,北京建筑大学黎晓璐编写第4章部分内容及第5章内容。同时,特别感谢《报告》编写审查组提出的宝贵建议,也感谢北京工业大学林子赫、刘思扬、汤婧、王静对全书的校核与资料梳理工作。在写作过程中,还参阅了大量的中外文资料,引述文献已尽量予以标注,但难免存在疏漏,在此我们特向所有参考文献的作者一并表示衷心的感谢!

虽然我们竭尽全力想把中国网约车行业安全发展过程和态势描述清楚,但由于网约车行业本身仍然是一个新兴领域,发展变化十分迅速,加之研究者学识和水平有限,对有些问题研究还不够透彻,因而报告中难免有错漏和不妥之处,恳请专家和广大读者批评指正,以便我们在后续的研究和实践中参考,逐步完善对网约车安全领域的认识。

编写组
2020年11月

目　　录

第 1 章　网约车行业发展概述 ··· 1
　1.1　网约车行业发展分析 ··· 1
　1.2　我国网约车管理与安全发展分析 ·· 5

第 2 章　网约车行业安全管理实践 ··· 10
　2.1　安全组织机构 ··· 10
　2.2　安全管理制度与标准化化建设 ·· 11
　2.3　安全准入与资质管理 ·· 12
　2.4　安全运营管理机制 ··· 14
　2.5　安全产品功能 ··· 16
　2.6　安全事件响应处置 ··· 18
　2.7　隐患治理与风险管控 ·· 20
　2.8　行业交流与学术合作 ·· 21
　2.9　企业社会责任与政企合作 ·· 23
　2.10　安全文化塑造 ··· 25

第 3 章　网约车行业安全运营指标分析 ··· 27
　3.1　Uber 公司安全运营分析 ··· 27
　3.2　国内典型企业安全运营分析 ··· 30
　3.3　我国乘客安全感知分析 ··· 34

第 4 章　网约车行业安全运营影响要素提取 ··· 40
　4.1　质性研究方法介绍 ··· 40
　4.2　安全运营影响资料收集 ··· 42
　4.3　安全运营影响因素编码过程分析 ··· 45
　4.4　安全运营影响因素编码结果分析 ··· 48
　4.5　基于安全运营影响因素下的平台责任分析 ·· 50

第 5 章　网约车行业安全运营评价探索 ··· 53
　5.1　评价指标体系构建 ··· 53
　5.2　评价指标权重的确定 ·· 59
　5.3　评价方法选择 ··· 63

第 6 章　网约车安全发展问题挑战与对策 ·· 67
　6.1　安全体验与隐私平衡问题 ·· 67
　6.2　数据信息孤岛亟待打通 ··· 68
　6.3　传统安全管理模式适用性有限 ·· 69
　6.4　社会舆情与安全感知需要强化 ·· 73

  6.5 新兴模式相关研究滞后 …………………………………………… 75
结束语 ……………………………………………………………………………… 78
附录 ………………………………………………………………………………… 79
  Ⅰ 网约车行业安全健康发展话题分析 ………………………………… 79
  Ⅱ 网约车乘客安全满意度调查问卷及结果分析 ……………………… 81
  Ⅲ 开放式编码 ……………………………………………………………… 87
  Ⅳ 评价指标德尔菲咨询表 ………………………………………………… 97
  Ⅴ 网约车平台公司安全运营评价量化表(1000 分) …………………… 98
  Ⅵ 我国关于出租汽车行业的政策文件 ………………………………… 116
参考文献 ………………………………………………………………………… 118

第1章 网约车行业发展概述

作为平台模式与零工经济深度融合的重要产物,网约车行业发展先后经历了初步兴起、高速增长和深度发展三个阶段。网约车2010年在国内首次出现,2014年开始爆发式增长,2016年进入合规发展阶段。在快速发展过程中,网约车安全成为热点问题,经过全面整改后,安全工作逐步常态化,趋于标准化。本章对全球网约车发展总体情况和我国网约车规模变化情况进行梳理,分析其未来发展趋势,并对网约车监管与行业安全工作进行总结。

1.1 网约车行业发展分析

网约车根植于城市交通出行领域,依托移动互联技术和大数据,顺应共享经济理念,链接了数以亿计的出行供需信息,极大地缓解了当今社会普遍存在的"打车难"问题。特别是高峰时段补充运力、先叫车后出门、路线费用提前预估等特点,已成为网约车有益的价值,改善了出租汽车服务质量,成为广大乘客青睐网约车的根本性原因。

1.1.1 全球网约车发展情况

1.1.1.1 初步兴起(2012年以前)

2012年以前,世界上一些专家学者探讨共享经济的理念,并在实践中探索实施。

共享经济早期理论和实践,是网约车兴起的重要思想指引。追根溯源,网约车发轫于早期共享经济与采用技术解决出行痛点的网约车先驱者实践。1978年,美国两位社会学教授马科斯·费尔逊(Marcus Felson)和琼·斯潘思(Joel Spaeth)发表学术论文《群落结构和协同消费》,首次提出了共享经济理念,探讨共享汽车等模式有可能发展成新的经济形态。之后,美国人罗宾·蔡司(Robin Chase)撰写了《共享经济:重构未来商业新模式》,从共享经济理论的角度,系统阐释了共享行为发展为共享经济新业态的路径,并总结了共享经济的四大特点,即:运用互联网技术整合闲置资源、用户规模巨大、平台促成供需匹配以及大规模交易。随后,基于理论研究,罗宾·蔡司先后创办了共享汽车公司Zipcar、无线网络公司Veniam、P2P汽车租赁公司Buzzcar、拼车网站GoLoco,实现了理论向实践的初步转化。罗宾·蔡司对共享经济的阐释与推动,特别是她创办的多家企业,已经汇集了互联网、移动通信、汽车共享、C2C等多种元素,为后来的网约车和其他共享经济模式提供了指引。

基于理论探索,网约车平台公司的早期创业者们,开始创建共享出行企业,成为推动网约车发展的初始力量。2009年,特拉维斯·卡兰尼克(Travis Kalanick)在美国加州旧金山创立Uber,并于次年在旧金山开始运营,是世界上第一个网约车应用。据悉,特拉维斯·卡兰尼克创立Uber的初衷,是希望改变打车出行的体验,实现"一个按钮就能叫来出租车"的便捷服务。

Uber是这一时期的典型企业,但仅局限于"打车软件",即希望通过移动互联网,来解决出租车驾驶员和乘客信息不对称的问题,其共享经济特点尚不突出。

"打车软件"是这一时期的主要功能定位。在该阶段,通过对出租车供需关系的匹配,显著地提升了出租车出行体验,也初步验证了移动互联网技术、产品和服务相结合的生产经营模式,并初步汇集了大量的打车用户,为进一步发展壮大奠定了坚实的基础。

"打车软件"的兴起,改变了城市交通出行模式,发展历程先后经历了多头起源、互相借鉴、深度竞合等多个阶段,最终形成了当下的崭新业态。

1.1.1.2 高速增长(2012—2017年)

高速增长时期,网约车得到社会广泛认可,催生出众多商业品牌,出行订单量迅猛增加,商业服务模式和范围进一步丰富。据统计,全球共出现超过40个网约车服务平台,服务人群超过5亿人次,主要集中在北美、中国和欧洲等地。美国有Uber和Lyft、东南亚有Grab和Gojek、印度有Ola、欧洲有Taxify、中东和非洲有Careem、南美有99taxi等平台。在我国,涌现出了易到、滴滴、快的、神州、首汽、曹操、T3、车巴达等网约车平台企业。美国Uber在2013年推出Uber X服务,将社会驾驶员和车辆纳入网约车平台。在网约车以往积累的用户规模支撑下,两股市场力量进入了互为促进、互相激发的高速发展轨道。平台模式与零工经济的深度融合,推动了全球网约车市场的迅猛成长。数据显示,Uber的第一个10亿次订单用了接近三年时间,第二个10亿次订单用了一年半时间,接下来的一年半中Uber完成了30亿次订单。

全球大型网约车平台企业开始了全球竞争策略的实施。通过投资和收购等方式,投资机构、头部平台等在全球范围内合纵连横,促进了网约车的全球服务和全球竞争。以日本软银为代表的投资机构,以及Uber和滴滴出行为代表的头部平台,在全球开启竞争或合作。2016年8月,滴滴出行收购Uber中国业务,并先后投资北美的Lyft、南美的99Taxi(后予以全资收购并改名99)、东南亚的Grab、欧洲的Taxify、中东和非洲的Careem。Uber则改变早期的市场扩张模式,先后将中国、东南亚、俄罗斯等地业务出售给当地网约车平台,但在中东地区全资收购Careem。

在将出租车吸纳到平台,使其实现网约化之后,网约车企业管理者发现,运力供给依然远远不能满足城市出行的需求。为此,网约车企业管理者进行了战略创新,即将私家车运力纳入线上服务,以满足持续增长的出行需求,为网约车发展开启了全新天地。这些高速发展的网约车平台,很快就让全球70%的人口接触到了新兴的网约车出行服务。

1.1.1.3 深度发展(2018年之后)

2018年之后,全球网约车服务快速普及,已得到了社会用户和资本市场的高度认可,网约车作为"现象级"的产品和服务,开始步入了全球大规模的扩张时期。汽车主机厂也通过不同的方式进入网约车市场。在网约车基础上,拓展至共享单车、共享电单车、共享汽车、网约巴士等出行服务。同时,网约车企业的发展开始向其行业的上下游延伸,在无人驾驶、车辆制造、汽车后市场服务等领域发力。另外值得一提的是,网约车领域聚合平台模式兴起,作为开放平台向第三方出行服务商开放,连接第三方平台与海量出行端用户。

2018年,在全球经济下行周期背景下,快速发展的网约车行业也迎来了新的挑战。早期的简单收购投资、快速占领市场和用户的发展模式,已经难以为继。在政府监管持续加压、市场竞争逐步加剧的情形下,前期高速发展所带来的内部组织、文化、服务等短板逐步显现。

特别是部分平台发生的安全事件,凸显了发展中存在的问题,网约车行业第一次面临着全面危机。

美国 Uber 遭遇了一系列的恶性安全事件,包括驾驶员连环枪击、用户信息泄露、大量的性侵和性骚扰事件等,引发舆论的关注和政府的监管,此类事件的发生直接导致了 Uber 品牌声誉和市场份额的损失。究其原因,一方面与 Uber 的快速发展导致管理缺失有关,另一方面也暴露出网约车行业与安全风险的自然联系。这些问题,在高速发展中持续累积,在社交媒体时代被长期聚焦,在小概率的恶性事件面前被集中引爆。同样在中国,滴滴出行发生了顺风车恶性事件,引发了社会舆论的广泛关注。政府部门加强对网约车行业领域的监管。安全事件的发生,使得网约车行业面临着归零的风险。

在吸取事件经验教训的基础上,全球范围内网约车行业都进入了反思、整改的阶段,从出行安全着手,逐步构建完善企业的安全保障体系,从而从根本上夯实安全发展基础。

1.1.2 我国网约车规模及变化趋势

分析主要城市客运交通方式的客运量,公共汽(电)车的客运量持续减少,而随着轨道交通的建设发展,其承担的客运量逐年上升,出租汽车客运量也逐年递增。其中,网约车客运量快速增长,2019 年占出租汽车客运量的 37.1%,高出 2015 年 27.6 个百分点。2015—2019 年城市客运量变化情况如图 1-1 所示。

图 1-1　2015—2019 年我国大中城市客运量变化情况①

从用户规模看,2014 年我国网约车行业迎来历史上的第一个爆发增长期,用户规模急速扩张。2016 年之后,受到网约车政策和经济形势的影响,网约车用户规模在 3.5 亿上下波动。截至 2020 年 3 月,用户规模达 3.62 亿。从交易规模看,2015 年我国网约车市场整体交易规模为 370.64 亿元,2019 年网约车市场整体交易金额达 3044.1 亿元。尽管网约车客运量增速放缓,但巨大的用户数量和市场交易规模体现着迅猛强劲的发展势头。我国历年网约车用户数量及年增长率如图 1-2 所示,历年网约车行业交易规模及年增长率如图 1-3 所示。

---

① 网约车数据来源于国家信息中心发布的《中国共享经济发展报告(2020)》,其他数据来源于交通运输部历年发布的《交通运输行业发展统计公报》。

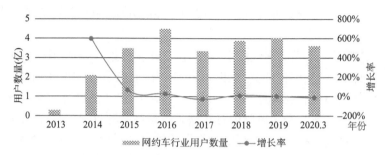

图1-2 我国历年网约车用户数量及增长年率①

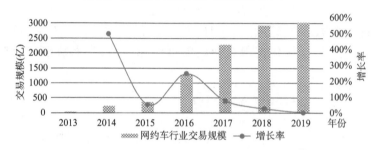

图1-3 我国历年网约车行业交易规模及增长年率②

然而,随着越来越多的企业进入网约车市场,多地已发布网约车市场风险预警③。根据2020年9月24日交通运输部例行新闻发布会通报情况,在全国36个中心城市中,已经有18个中心城市合规网约车数量超过巡游车;各地共发放网约车驾驶员证250多万张,车辆运输证约104万张,网约车日均订单量约2100万。除去190余家已经取得许可的平台公司,申请从事网约车服务的企业依然数量众多。但同时,从前期发展情况看,存在企业和资本盲目跟风,平台公司差异化经营和核心竞争力不足,一旦超出市场合理需求或范围,容易导致过度投放、恶性竞争等问题,在部分城市,已经出现"网约车坟场"或者部分已办证车辆申请退出。2020年11月前后,深圳、西安、苏州、绵阳等陆续公开发布当地网约车市场情况及风险预警,指出当地网约车平均订单量和收入呈持续下降趋势,提醒拟从事网约车服务的企业和驾驶员,审慎做好投资和从业分析,客观评估经营收益,提高风险防范意识。

2020年初爆发的新冠肺炎疫情对以共享经济为代表的新业态产生了巨大影响。短期来看,疫情对共享经济不同领域既有"冲击"也有"刺激"。网约车出行作为线上、线下融合程度高且必须通过线下活动完成整个交易闭环的领域,平台企业的订单量和营业收入大幅减少;长期来看,共享经济发展"危"中藏"机","抗疫与发展并重"的客观需要倒逼新业态领域制度创新加速。

随着不同技术领域的突破,网约车行业将面临的变化有三个方面④:(1)无人驾驶,无人驾驶的实现将直接降低运营成本50%左右,人员的重要性将降到极低,网约车、出租车、分时

---

① 数据来源于中国互联网络信息中心发布的《第45次中国互联网络发展状况统计报告》。
② 数据来源于易观分析发布的《网约车行业数字化升级——易观:2019年网约车市场增速放缓,行业侧重提升供给能力、推动电动化进程、升级产品服务,持续调整以更好地出发》。
③ 本段由交通运输部公路科学研究院公路交通发展研究中心主任虞明远供稿。
④ 部分观点来自陈贤的《从出行聚合到生态聚合,从网约车十年历程看未来趋势》。

租赁等业态将融合;(2)电池技术突破性进展,当电池的续航及成本提升到与燃油车优势相同的平衡点时,电动车将迅速取代燃油车作为网约车;(3)车联网及5G的突破性进展,车辆将由拥有权向使用权转变,车辆将变成移动终端,甚至向消费电子领域转变,网约车将变为移动的生活服务终端的一部分,更加私密化、娱乐化、品质化。

1.2 我国网约车管理与安全发展分析

1.2.1 我国网约车管理发展历程

我国网约车发展处于全球领先发展地位,从政府管理的角度可以分为"粗放管理"和"合规管理"两个阶段。

1.2.1.1 "粗放管理"阶段(2010—2016年)

2010年5月我国第一个手机打车平台易到用车在北京成立,同年9月在京正式开通用车服务,随后将业务范围扩张至全国其他省(区、市)。2012年快的打车和滴滴打车先后上线运营,通过手机,使用移动互联网打车的出行方式,第一次进入公众的视野。由于网约车服务精确、实时的运行模式,服务效率大幅提升,业务规模迅速扩大。

网约车企业数量规模、服务空间范围、用户群体都在爆发式增长。2014年后,除滴滴出行、易到用车、快的打车以外,Uber、神州专车等线上叫车服务不断涌入市场。网约车业务的空间范围从一线城市市区,逐步向全国的各大城市和远郊区推广。为了抢占市场份额,以滴滴出行和快的打车为主的网约车平台开启补贴大战。同时,快的打车、滴滴出行、Uber相继推出了"专车"服务,在提升服务质量的同时,将用户群体上升到了公务出行以及高端人群,用户规模和交易规模快速增长。

在这一阶段,由于网约车尚属于新生事物,监管法律规范滞后于行业发展,总体呈现出无法可依的"粗放管理"显著特征。

1.2.1.2 "合规管理"阶段(2016年之后)

针对无法可依、过度竞争、市场无序、安全隐患突出等问题,政府部门加强立法研究和行业监管工作。2015年10月,交通运输部印发《关于深化改革进一步推进出租汽车行业健康发展的指导意见(征求意见稿)》和《网络预约出租汽车经营服务管理暂行办法(征求意见稿)》,网约车合规化的讨论正式进入公众视野。2016年7月28日,《国务院办公厅关于深化改革推进出租汽车行业健康发展的指导意见》(简称《指导意见》)和《网络预约出租汽车经营服务管理暂行办法》(简称《暂行办法》)正式颁布,我国成为世界上第一个颁布网约车法规的国家,网约车监管有法可依。

1.2.2 我国网约车行业安全发展历程

我国网约车行业安全发展可分为安全工作模糊化和安全工作强监管两个阶段。

1.2.2.1 安全工作模糊化阶段(2017年及以前)

2017年及以前,我国各大网约车平台各显其能,在全国范围内迅速扩张布局,在市场的

"跑马圈地"阶段,对安全运营的认识比较模糊,主动性较弱。与此同时,疯狂的价格补贴大战也导致了市场恶性竞争。尽管2016年,政府部门在《暂行办法》中明确规定"网约车平台公司承担承运人责任,应当保证运营安全,保障乘客合法权益",但安全管理制度没有真正落到实处。对于行业而言,在汲取Uber一系列的恶性安全事件直接导致品牌声誉和市场份额损失的经验教训基础上,才逐步建立起企业安全红线意识,开始了网约车平台模式下安全运营管理探索与实践,但安全体系、安全能力整体处于起步阶段,面临着各种各样的全新问题与挑战。

1.2.2.2 安全工作强监管阶段(2018年之后)

2018年,发生了郑州空姐搭乘顺风车被害案件、"8·24"温州恶性事件等安全事件,将网约车安全问题推上风口浪尖,网约车行业面临重大危机。针对此情况,政府部门启动安全强监管措施,各出行企业全面开展安全整改。2018年也由此成为网约车行业安全发展的重大转折点。

2018年7月31日,经国务院同意,由交通运输部牵头,联合中央宣传部、中央政法委、中央网信办、国家发展和改革委员会、工业和信息化部、公安部、司法部、中国人民银行、国家市场监督管理总局、国家信访局等部门和单位召开交通运输新业态协同监管部际联席会议第一次全体会议。并于9月对滴滴、首汽、神州、曹操、易到、美团、嘀嗒、高德等8家主要网约车、顺风车平台公司开展进驻式联合安全专项检查。交通运输新业态协同监管部际联席会指出,当前网约车行业平台存在以下问题:(1)顺风车产品存在重大安全隐患;(2)安全生产主体责任落实不到位;(3)网约车非法营运问题突出;(4)应急管理基础薄弱且效能低下;(5)社会稳定风险突出;(6)公共安全隐患问题较大;(7)互联网信息安全存在风险隐患。由此,中央、地方政府均开始高度重视网约车行业的监督工作,要求落实安全责任制,同时也明确了我国网约车行业安全发展方向。

2019年后,网约车行业安全工作逐渐进入常态化阶段,政府部门在坚持对网约车"包容审慎、鼓励发展、规范发展"的同时,要求企业遵守安全底线,督促落实企业主体责任,促进新业态规范健康发展。各平台公司强化企业安全生产主体责任落实,结合发展新形势,把安全整改的成效制度化、标准化,进一步完善企业制度和安全生产的长效机制。

同时,探索安全标准规范,企业标准、团体标准加快落地,行业标准、国家标准有序推进。企业侧坚持安全红线意识,基于当前安全工作基础,探索多样化、针对性、高感知的创新性安全举措。公众侧对安全态度日益回归理性,积极表达安全诉求与意愿,自身安全意识逐渐强化。由中国交通运输协会提出,滴滴出行科技有限公司、高德软件有限公司、首约科技(北京)有限公司、神州优车股份有限公司、杭州优行科技有限公司、北京三快在线科技有限公司、欧拉信息服务有限公司、车巴达(苏州)网络科技有限公司、北京车千里互动科技有限公司、北京东方车云信息技术有限公司、腾讯科技(北京)有限公司等企业共同参与的《网络预约出租汽车平台公司安全运营自律规范》团体标准在2020年正式颁布实施,规定了网络预约出租汽车平台公司安全运营的总体要求、安全保障、安全功能与设备、驾驶员和车辆安全管理、安全运营管理、网络与信息安全管理、安全事件投诉处理和应急处置、隐患治理与风险管控、安全绩效管理以及平台公司安全运营达标评价的要求。

此外,网约车行业安全发展还存在安全环境营建、安全责任认定、安全风险管控等话题,需要持续研究和解决(见附录Ⅰ)。同时本报告对2019年之后我国网约车行业发展大事记进行梳理如下。

1月9日,交通运输部发布了《关于2019年交通运输安全生产工作要点的通知》,明确要进一步加快网约车合规化进程。

2月28日,上海市召开的2019年整治非法客运工作动员会披露,2018年查获非法网约车6642辆。

3月1日,全国人大代表、清华大学政治经济学研究中心主任蔡继明在2019年全国两会的建议中表示,近年来各地纷纷出台的网约车实施细则在从业人员户籍、车辆、平台方面设立了诸多与安全和服务无关的高门槛,制约了网约车的健康发展,建议降低网约车门槛,避免打车难再现。

3月5日,交通运输部部长李小鹏亮相"部长通道"接受媒体采访时,两次提到要加强网约车监管。

3月18日,上海市召开的2019年网约车平台合规化工作推进会透露,4月底前网约车平台要与监管平台完成"双证"查询比对系统建设。

5月19日,美团打车在苏州、杭州、天津等15个城市开通"聚合模式"打车业务,加上此前开通的上海和南京,美团打车业务扩展至17个城市。

6月1日,大庆市由"办证"改"备案"。经过一年的探索,大庆市从为网约车办理营运证,改为对网约车进行电子备案登记,大大降低了网约车驾驶员的办证难度,同时也解决了因运营成本增加,驾驶员不愿意主动办证而导致的合规难等问题。

7月18日,全国首个网约车地方标准在厦门发布。该标准涵盖了运营条件、服务规范、运营管理、信息安全、安全与应急、监督管理六个部分的细则。

7月22日,滴滴出行发布了网约车行业首个企业安全标准——《滴滴网约车安全标准》,涵盖安全责任制、驾驶员与车辆管理、安全响应处置、隐患治理与风险管控、安全绩效管理等各方面的详细要求,共包含96项条款和19项安全制度。

7月31日,交通运输部印发《数字交通发展规划纲要》,明确提出到2025年第五代移动通信(5G)等公网和新一代卫星通信系统初步实现行业应用。要将新技术融入应用到网约车、分时租赁等城市出行新业态。5G技术高速率、大容量、低延时的特点将支撑人、车、路、网的实时信息交互,大大降低行车风险,提高运力调度效率,网约车的出行服务能力将得到进一步的提升。

8月1日,国务院办公厅发布《关于促进平台经济规范健康发展的指导意见》,对网约车平台治理方面提出了新的要求:要优化完善市场准入条件,降低企业合规成本、督促有关地方评估政策落实情况。该指导意见为各地对网约车采取量身定制的监管模式提供了政策支持,进一步推动了网约车领域的合规化进程。

8月28日,高德地图发布了传统出行数字化升级方案,首批接入"风韵出行"等近40家出行企业。

9月份起,贵阳将网约车、出租车驾驶员考试合二为一,没有持证的驾驶员参考合格后,可一次性拿到2个证件。

6月至9月,西安、三亚等城市依次将"以租代购"作为重要的网约车行业风险点。

10月初,多地爆发"退车潮":深圳、广州、东莞相继爆出网约车驾驶员聚集平台公司门前,要求退车。网约车数量过剩、驾驶员收入偏低、市场不规范是造成合规网约车退潮事件爆发的核心原因。

10月26日,在第五届世界大城市交通发展论坛开幕式上,交通运输部运输服务司副司长蔡团结透露,接下来会进一步加大对非法运营的打击力度,监督平台全面清退不合规网约车驾驶员。

11月16日,南京市运管部门开始尝试5G执法,非法运营网约车1秒钟即可查出。

12月,中国城市公共交通协会发布了《网约车分会自律公约(征求意见稿)》,号召会员企业及非会员企业通过声明方式加入自律公约,重点在承诺许可合规化、保障网约车驾驶员权益方面履行法律与社会责任,并接入行业协会的监督。

12月6日,中国交通运输协会共享出行分会在京召开2019中国共享出行发展大会。本次会议旨在深入探讨共享出行行业面临的共性问题以及未来的发展方向和实现路径,并介绍了当前团体标准《网络预约出租汽车平台公司运营安全自律规范》的编写情况。

12月26日下午,山西好车容易汽车销售服务有限公司创始人闫××于家中自杀未遂,遗书中强调"被非法营运的网约车逼死"。山西好车容易汽车销售服务有限公司是一家合规经营的平台公司,涉及非法营运的平台向当事人进行了道歉。

12月27日,国务院新闻办公室就交通运输高质量发展成效有关情况举行发布会。会上交通运输部新闻发言人、运输服务司副司长蔡团结表示:要严厉打击"分类管理"等突破安全底线、降低安全标准的行为,严厉打击平台公司组织非法营运行为。

部分地区出台新规定,放宽网约车准入门槛:一方面新增网约车纯电动化成为各地政府的硬性要求,而这势必会成为网约车行业格局变化的契机,12月1日施行的深圳修订后的《深圳市网络预约出租汽车经营服务管理暂行办法》规定新注册网约车必须为纯电动汽车。另一方面,随着各地监管办法已实施多年,分别发现了各自管理的问题,开始逐渐细化监管内容,开放市场。降低网约车从业门槛,有利于进一步激活网约车市场,为市民出行提供更多便利。嘉兴、莆田等多地实行网约车分类管理试点,因城施策,分类管理,平台先后发布派单新政策,根据驾驶员的持证状态,区别专兼职,进行派单数量限制。根据人民群众出行需求,适时出台解决城市客运潮汐变化需求、对专兼职车辆进行分类管理的有关措施。

12月28日,交通运输部、工业和信息化部、公安部、商务部、市场监管总局、国家网信办,六部委关于修改《网络预约出租汽车经营服务管理暂行办法》的决定,其中,删去第六条第一款第三项中的"外商投资企业还应当提供外商投资企业批准证书"。

2019年全年多家网约车平台与金融服务深度融合。滴滴上线面向个人用户和合作伙伴的金融服务系统。其中面向个人用户的主要是提供贷款、理财、支付、分期购车、保险、网络互助等金融服务。面向合作伙伴的金融服务系统,一端对接金融服务提供方,一端对接以租赁公司、融资租赁公司为主的行业合作伙伴,提高双方对资金、汽车资产的匹配与管理效率。神州优车与浦发银行等商业银行机构合作,为用户提供包括二手车金融、汽车抵押借款等在内的汽车消费信贷服务。

2019年全年共有148个网约车平台获得城市运营合法牌照。

2019年全年共有20个城市修订了当地网约车政策,对三证和本地户籍限制进行了因地制宜的调整。网约车政策的监管体系和运营准则趋于完善,网约车的产品形态和走向脉络基本清晰。监管仍是网约车行业发展的最大阻碍,但刨除上海等城市,监管总体上趋向包容。

2020年,疫情期间,全国共有36座城市要求全面暂停网约车服务,87座城市不同程度地部分限制网约车运营(如限制跨城、跨区之间的运输服务)。1月20日至2月3日,首汽约车在订单量和营业收入持续暴跌,实际出行人次较疫情前下降90%。

专题一　网约车新政

随着《关于深化改革进一步推进出租汽车行业健康发展的指导意见》和《网络预约出租汽车经营服务管理暂行办法》两个文件的发布,中国正式在国家层面确立网约车的合法地位。2015年10月10日,两个文件第一次发布征求意见稿,随后收到近万条的意见,和世界其他国家与地区一样,意见和争论主要集中在网约车的准入条件、劳动关系和承运人责任方面。

《暂行办法》最终明确了网约车的合法性地位,并认定网约车为一种区别于传统巡游出租汽车的新型出租汽车。《暂行办法》在平台准入、车辆准入和驾驶员准入等方面作了较为具体的规定,最终明确了平台承运人责任。在平台和驾驶员关系方面,《暂行办法》允许网约车平台与驾驶员签订多种形式的劳动合同或者协议,但并未强制认定为劳动关系。从行政管理的角度,《暂行办法》强化了平台的管理责任,明确了对网约车实行属地化管理。

在国家颁布《暂行办法》后,各地市也出台了相关细则,对网约车平台、驾驶员、车辆的准入条件提出了具体要求。在驾驶员准入方面,大部分城市出台的暂行办法细则对驾驶员驾龄、户籍要求有所差异,对违法记录的要求基本一致,要求驾驶员不得有交通肇事罪、严重交通违法以及暴力犯罪记录。在车辆准入方面,大部分地市对车牌、车辆轴距、车辆价格要求有所差异,希望网约车能够提供比传统巡游出租车更高质量的服务,同时,要求车辆符合安全运营相关标准,安装定位、应急报警等装置。

第 2 章　网约车行业安全管理实践

2018 年以来,网约车安全问题成为热点舆情议题,被推上风口浪尖。政府对网约车行业采取了更为严谨、审慎的监管态度,各出行企业纷纷聚力强化安全管理、提升产品体验、完善应急功能等。本章从安全组织架构、安全管理制度与标准化建设、安全准入与资质管理、安全运营管理、安全产品技术等 13 个方面阐述主要平台公司在安全方面的工作实践。

2.1　安全组织机构

经过安全整改,我国网约车企业对安全组织机构设置十分重视,设立了安全组织机构,决策中长期安全规划和投入,预防研究解决重大安全问题,部署重点安全工作,预防和处理各类安全事件,落实安全运营管理相关工作,处理应急突发事件。

平台企业典型安全组织机构设置情况见表 2-1。

我国网约车平台企业安全组织机构设置实践　　表 2-1

企业名称	安全组织机构	主要做法
滴滴出行	安全管理委员会	(1) 定期召开会议部署安排阶段性安全工作; (2) 落实安全生产责任书,做到"安全生产责任到人"; (3) 保障企业安全生产投入,2019 年安全经费投入超过 20 亿元,2020 年投入 30 亿; (4) 成立包括技术专家、数据分析专家、产品专家、运营专家、安全响应和安全应急处置专家等的专职安全团队
神州专车	安全中心	(1) 明确安全中心、运营管理部门、技术部门主要负责人以及各城市分公司总经理是安全工作的第一责任人; (2) 严格绩效考核,将完成任务与年度、季度绩效考核要求相结合,迫使责任部门和人员全力以赴落实整改要求; (3) 严肃追究责任,加大对相关部门、各分公司安全工作落实情况的监督和检查,从严追究责任
T3 出行	安全管理委员会	(1) 成员由高管和一级部门负责人组成;各业务线、城市分公司等二级单位均成立安全领导小组,由负责人担任组长; (2) 公司设立安全部,配备专职安全管理人员;各业务线、城市分公司等二级单位均按照规模设立安全部门或配备专职安全管理人员; (3) 公司建立并持续完善全员安全责任制,明确了从主要负责人到一线驾驶员乃至相关方的,涵盖所有管理和业务流程的安全责任制

续上表

企业名称	安全组织机构	主 要 做 法
巴士管家	安全管理领导小组	(1)由总经理担任组长,各大板块中心负责人担任副组长; (2)联动公安交警、公安消防部门组织专业的交通安全防御性驾驶和应急处理培训并组织安全演练; (3)联动行业交通管理部门进行驾驶员安全知识讲座,加强车辆按时年检,杜绝带病车辆上路营运; (4)定期对从业者进行心理培训以及职业病防治培训; (5)设置安全生产奖励机制
欧了出行	安全管理委员会	(1)明确安全组织成员有公司总裁、车联网总经理、平台运营部总经理、战区VP、分公司总经理、安全体验总监等各部门总监等; (2)设有安全部,有安全管理员,且分公司有车管及司管对驾驶员安全管理直接负责

2.2 安全管理制度与标准化建设

各平台企业制定实施了安全生产责任制度、安全目标管理制度、安全例会制度、安全事件文件和档案管理制度、驾驶员安全管理制度、车辆安全管理制度、生产安全事故应急预案、安全事故隐患排查和风险管理制度、安全事件调查制度、安全值班、带班制度、安全生产资金提取管理制度和安全管理奖惩制度等,并及时开展安全管理制度的宣传和培训,依据法律法规、标准规范以及实际运营情况,逐年开展制度适用性、有效性、充分性的评审工作,根据评审情况及时修订安全管理制度。

平台企业典型安全管理制度建设工作情况见表2-2。

我国网约车平台企业安全管理制度建设实践　　　　表2-2

企业名称	制度建设情况
滴滴出行	(1)制定了《滴滴网约车公司安全生产责任制》《滴滴网约车公司安全目标管理制度》《滴滴网约车公司安全生产会议制度》《滴滴网约车公司安全生产检查制度》《滴滴网约车公司安全生产风险管理制度》等20多项; (2)2019年开始安全生产标准化建设项目,转向常态化日常安全管理; (3)2019年7月底接受中国船级社质量认证公司,按照《网络预约出租汽车企业安全生产标准化考评实施细则(草案)》中共16类49大项140细项,现场评价,获得高分; (4)2019年发布了《滴滴网约车安全标准》,涵盖滴滴在安全责任制、驾驶员与车辆管理、安全响应处置、隐患治理与风险管控、安全绩效管理等各方面的详细要求,共包含96条条款和19项安全制度。同时作为第一起草单位参与网约车安全团体标准编制工作
神州专车	(1)加强安全生产管理,落实安全工作责任制,制定了《安全生产管理制度及责任制度》《安全例会制度》《安全生产培训和教育学习制度》《驾驶员安全管理制度》等;

续上表

企业名称	制度建设情况
神州专车	(2)要求相关人员必须坚持参加安全例会,进行安全知识培训,学习从业中良好的驾驶习惯和营运经验,必须参加政府有关部门组织的安全知识教育活动,提高自身的从业素质; (3)明确安全管理人员的工作职责,严格执行安全管理制度和安全操作规程,建立健全各种安全生产基础资料。开展分公司驾驶员安全教育,培训学习工作做到规范化和制度化; (4)实施安全检查工作,做到安全检查制度化、规范化。对查出的事故隐患及时帮助驾驶员采取措施进行整改,对无能力整改的应及时报告单位安全生产工作的第一责任人
T3出行	(1)在全公司范围内深入推行、有效落实《安全标准化管理体系》(GB/T 33000—2016)要求,持续推动安全管理体系改进; (2)依托《安全管理手册》《安全管理程序和规定》《安全事件应急预案》《驾驶员安全驾驶规程》等构建安全管理制度体系,包含安全责任、安全目标与考核、安全会议、安全培训教育、驾驶员和车辆安全、安全风险管理和隐患排查治理、安全费用管理、安全奖惩和举报等内容,共8个章节,35项制度; (3)各业务线和城市公司等二级单位按照自身特点,按照公司手册要求编制属地化安全管理手册或程序,作为公司手册分册
巴士管家	建立并实施了安全生产责任制度、安全目标管理制度、安全例会制度、安全事件文件和档案管理制度、安全生产培训和教育学习制度、驾驶员安全管理制度、车辆安全管理制度、安全事故隐患排查和风险管理制度、安全事件调查制度、安全值班、带班制度、安全生产资金提取管理制度、安全管理奖惩制度
欧了出行	建立《欧了出行安全体系制度》包括安全生产责任制度、安全目标管理制度、安全例会制度、安全事件文件和档案管理制度、安全生产培训和教育学习制度、驾驶员安全管理制度、车辆安全管理制度、安全事故隐患排查和风险管理制度、安全事件调查制度、安全值班、带班制度、安全生产资金提取管理制度、安全管理奖惩制度,并在实际运营中也在不断完善措施,以便达到更好的安全管控

2.3 安全准入与资质管理

我国网约车平台公司对驾驶员和车辆的准入进行资格审查,把好入门关,做好背景审核,还定期对驾驶员的服务质量进行评价和审查,及时清退和处理不合格驾驶员。

驾驶员和车辆安全审查依据见表2-3。

驾驶员和车辆安全审核相关规定　　　　　　　　　　　　　　　　表2-3

法律法规及标准	相关内容
《电子商务法》第38条	电子商务平台经营者应对平台内经营者的资质资格进行审核,未对消费者尽到安全保障义务,造成消费者人身伤亡或财产损失的,应依法承担责任

续上表

法律法规及标准	相关内容
《网络安全法》第24条	网络运营平台应要求用户提供真实的身份信息,不得向未提供真实身份信息的用户提供平台服务
《暂行办法》第2条、第28条	规定平台要使用符合条件的驾驶员和车辆进行服务,不得向未取得合法资质的驾驶员和车辆提供信息,并给出了详细的准入与退出规则
《网络预约出租汽车运营服务规范》	规定了平台公司对驾驶员和车辆的资质审查要求,并以驾驶员相符率和车辆相符率作为服务评价指标,其目的是对车辆和驾驶员进行全部的资质审查

目前,行业对于注册驾驶员进行背景审查,要求驾驶员无交通肇事犯罪、危险驾驶犯罪记录,无吸毒记录,无饮酒后驾驶记录;最近连续3个记分周期内没有记满12分记录;无暴力犯罪记录;驾驶证状态正常。符合审查条件的,平台公司方可派单。同时,对已经开展运营的驾驶员也每年进行一次审查工作。

平台公司也应对车辆行驶状态信息进行定期核查,发现存在异常状态的应停止派单,车辆不应是逾期未检验的,不应是被盗抢、交通肇事逃逸的,不应是注销、扣留的,同时行驶里程达到60万千米,或行驶里程未达到60万千米但使用年限达到8年的车辆,也不应作为企业用车。

我国网约车平台企业安全审查的主要做法见表2-4。

我国网约车平台企业安全审查主要做法 表2-4

企业名称	安全准入审查主要做法
滴滴出行	(1)加强对从事网约车服务的驾驶员与车辆进行准入管理,对驾驶员身份证、机动车驾驶证、机动车行驶证等证件真实性进行核查,三证全部真实有效方可注册成功; (2)联合相关政府部门,对驾驶员进行背景筛查,防止严重犯罪记录人员、在逃人员、吸毒、重性精神病人员等进入平台; (3)建立常态化审查机制,每个季度对平台存量驾驶员进行背景筛查; (4)对于运营服务过程中违反平台规定的驾驶员,进行及时的审查,并做出相应的处置,如暂停服务、永久封禁等; (5)推动全行业驾驶员黑名单库的建设,各成员单位共享严重危害出行安全的网约车驾驶员信息,共同保障行业出行安全
神州专车	(1)严审驾驶员背景,一经核查有不良记录,一概不予录入并加入招聘黑名单; (2)针对通过培训考核的驾驶员,分公司要求其签署背景调查授权书,为驾驶员建立了电子安全管理档案,实行一人一档; (3)定期严格开展驾驶员背景审查,每年3月20日、9月20日左右,根据驾驶员一个季度的业绩指标数据筛选平台30%的驾驶员进行背景核查抽测。每年6月底、12月底需对平台全部驾驶员进行背景调查; (4)针对审核有问题的驾驶员,运营管理部立即进行停运处理,并反馈至分公司,跟进分公司处理进度。通过第三方征信机构核查驾驶员在公安系统中是否存在违法、涉毒、吸毒、在逃记录等

续上表

企业名称	安全准入审查主要做法
T3出行	（1）构建驾驶员管理信息系统，所有驾驶员入职前必须进行背景审查，同时还每季度对全部驾驶员进行一次背景审查。审查条件至少含以下内容：①无交通肇事犯罪、危险驾驶犯罪记录，无吸毒记录，无饮酒后驾驶记录；②最近连续3个记分周期内没有记满12分记录；③无暴力犯罪记录；④证照状态正常； （2）建立驾驶员安全管理电子/纸质档案（驾驶员基本信息、证件信息、注册信息、车辆信息、协议信息、安全教育培训记录、安全评价和投诉记录、违法记录、事故记录、处理记录等）
巴士管家	严格按照公安交管局的要求提交相关材料进行背景审查。具体内容包含：是否有犯罪记录，是否有酒驾、醉驾行为等，以及违法扣分等情况。同时，同步相关医疗系统确定是否具有传染性及不适合从事本职业的疾病
欧了出行	与驾驶员方为三方协议签订的合同，针对新入职驾驶员进行背景审查，审查条件至少含以下内容：①无交通肇事犯罪、危险驾驶犯罪记录，无吸毒记录，无饮酒后驾驶记录；②最近连续3个记分周期内没有记满12分记录；③无暴力犯罪记录；④驾驶证状态正常

2.4 安全运营管理机制

我国网约车平台企业建立了安全运营管理机制，实施网约车车辆运营过程安全标准化。网约车企业会对驾驶员每日出车前进行人脸识别，以便开展驾驶员与车辆一致性审查，一旦发现不一致的情况将会停止派单；也会建立日常抽查机制和乘客举报机制，在运营过程中确保人车一致。

部分有技术实力的企业通过大数据分析乘客与驾驶员多维度特征，识别乘客风险场景与驾驶员服务质量，在公平派单前提下，为乘客智能匹配最合适的驾驶员；利用大数据技术强化安全运营风险甄别能力，例如对路线行驶偏移、不合理长时间停留等风险进行预警，发现异常情况及时处置；对疲劳驾驶进行预测，设置疲劳阈值，当驾驶员累计服务时长超过阈值时，强制其下线休息，保证驾驶安全。

我国网约车行业对于以下行为的驾驶员实施清退处理：（1）肢体冲突、性骚扰等影响乘客人身权利的行为；（2）抢劫、盗取勒索财物等侵犯乘客财产权的行为；（3）扰乱社会秩序、非法占有平台资源等严重扰乱平台秩序的行为；（4）对举报、投诉其服务质量或对其服务质量做出不满意评价的乘客实施报复的行为；（5）脱管、失联、侵占平台公司车辆或破坏平台公司车辆安全的行为。

我国网约车平台企业安全运营的主要做法见表2-5。

表2-5 我国网约车平台企业安全运营的主要做法

企业名称	安全运营主要做法
滴滴出行	（1）要求注册驾驶员每天首次出车前、夜间每次出车前均进行人脸核验，并进行随机抽查，严防私换驾驶员接单等行为； （2）关注驾驶行为风险监测与管控，以网约车运行数据为基础，结合驾驶员基本信息、历史事故、服务评价等多源数据，构建基于大数据的驾驶风险评价模型，并通过播报提醒、App安全

第2章 网约车行业安全管理实践

续上表

企业名称	安全运营主要做法
滴滴出行	教育推送等分层分级组合式措施对其进行干预,建立了"识别-评估-管控-优化"的循环模式,不断提升平台驾驶员安全水平; (3)对车内敏感冲突事件进行了明确定义与初步分类,共划分为17种性质、3种类别与5种级别,保证了对安全事件的清晰认知与合理划分; (4)建立了"精准识别-有效干预-综合治理"的整体思路,利用多种方式实现对高危人群的精准识别,之后采取分级干预、过程干预、例行干预等各类干预措施,实现驾驶员+乘客、企业+行业联合治理; (5)以"犯罪三角形理论"为依据,提出了"高危隔离、中危威慑、低危教育"的安全预防体系,结合事件性质、类别与等级采取针对性专项策略; (6)构建应对高、中、低不同风险等级安全事件的预防策略; (7)建立了"基于风险驾驶行为管控的互联网+安全教育系统",利用大数据、机器学习等技术实现驾驶员安全画像、教育课程量身定制、精细化运营管理和教育结果可追踪评估
神州专车	(1)驾驶员接单时,对驾驶员与车辆进行一致性审查。驾驶员每天首次上线或下线2小时后再次上线,需通过驾驶员端进行人脸识别,通过后才可以上线; (2)以人工方式,不定期随机抽检60%的驾驶员并推送人脸识别任务; (3)对驾驶员定期做健康体检及心理的职业适应性检查; (4)要求驾驶员每趟次出车前,要对车辆的安全性进行全方面检查,发现问题及时排除,不消除隐患不得出车; (5)不定时检查驾驶员及车辆是否符合安全管理制度规定。车辆经检测、二级维护,查出的隐患要及时整改,整改不到位不得出车
T3出行	(1)在驾驶员接单前和接单过程中,通过车辆安装的智能硬件和车辆驾驶位侧向安装固定摄像头,每60秒对驾驶员进行一次人脸识别; (2)搭建线上线下驾驶员安全培训体系;线上培训采用视频、音频、图片、文字等形式,在手机端开展;线下培训采用会议、讨论、论坛等形式,在培训室开展; (3)建立驾驶员安全评价体系,制定驾驶员安全运营标准,通过驾驶行为评估、安全投诉、违法行为和事故记录等多种方式综合评价驾驶员安全水平,并根据平台安全规则对驾驶员进行安全管控; (4)建立车辆评价体系,制订车辆安全运营技术标准,通过车辆基本信息、维修和年检信息、日常车辆运行状态数据等综合评价车辆安全技术状况
巴士管家	(1)通过系统后台向乘客发送短信通知;告知车辆品牌提供商、车牌号、车辆颜色、车辆品牌等相关信息来进行车辆一致性的确认工作; (2)针对交通事故预防、防御性驾驶、恶劣天气行车安全等定期组织安全生产教育培训工作; (3)安排相关医疗机构对公司从业人员进行职业病的防治工作,同时公司每年对从业人员组织一次免费的体检; (4)通过车载北斗系统,在驾驶员疲劳驾驶时及时做出提醒,通知驾驶员必须停车休息。避免出现从业人员因疾病、过度劳累发生猝死的情况
欧了出行	驾驶员端App具有人脸识别功能,每日首次出车进行人脸识别,运营期间抽检一次,验证未通过将无法上线运营

2.5 安全产品功能

我国网约车平台企业重视通过安全产品提升安全水平。网约车 App 常见功能及作用见表 2-6。

网约车 App 常见功能及作用　　　　　　　　　　　　　表 2-6

功　能	作　用
驾驶员和车辆的信息显示	驾驶员信息包括姓名、照片、星级评价，车辆信息包括车型、颜色、车牌
行程分享	引导驾驶员和乘客分享行程信息，便于紧急联系人或其他指定分享人实时掌握被分享人的行程情况
110 报警	在 App 显著位置设置"110 报警"，方便驾驶员和乘客遇到意外紧急情况时及时报警，报警后，系统会向求助者设置的所有紧急联系人发送求助短信，并保存行程信息，以便警方调证
行程录音	收集行程中车内录音，保证行程录音实时录制、加密上传，并按规定用于投诉调查判责、警方调取证据等业务流程
电话号码保护	隐藏驾驶员和乘客的真实手机号码，保护驾驶员和乘客的隐私安全
位置偏移、异常停留预警	实时监测订单中的车辆位置、订单状态等，通过大数据识别行程是否存在长时停留、路线偏移、提前结束订单等异常情况，并及时进行安全提示
紧急联系人	引导驾驶员和乘客设定紧急联系人，便于行程分享、110 报警等产品功能扩大触达范围
未成年人安全提醒	增加"未成年人在法定监护人授权后方可乘车"的提醒与确认环节
醉酒报备	乘客报备酒后乘车后，平台会引导乘客添加临时联系人，系统会将实时位置及行程结束等信息及时通知到临时联系人，在本单行程结束后，临时联系人即失效，如乘客醉酒不清醒情况下，驾驶员可以在报备平台后，拒绝搭载
"系好安全带"提醒	平台提醒驾驶员和乘客系好安全带
醉酒叫醒服务	乘客报备酒后乘车后，当乘客到达目的地时，通过联系临时联系人，协助乘客安全下车
司乘"黑名单"	乘客和驾驶员可在取消订单、投诉、评价页面选择将对方加入黑名单，"屏蔽"后的 12 个月内平台不再为双方匹配订单
人脸识别	驾驶员接单前和接单过程中，通过车主端设备的摄像功能，采集驾驶员的面部信息与当前账号的驾驶员信息进行对比，确保线上线下驾驶员一致
驾驶时长管控	对驾驶员累计服务时长与累计计费时长进行检测和安全提醒，当达到疲劳阈值时，停止对驾驶员派单
风险驾驶行为管控	(1) 对驾驶员超速、急加速、急减速、急转弯等妨碍安全驾驶行为进行监测，通过大数据分析对驾驶风险进行评估及提示； (2) 对驾驶员驾驶过程中打电话、发信息等操作手机行为实时监测，通过大数据分析对驾驶风险进行评估及提示； (3) 对驾驶员闭眼、打哈欠等疲劳特征进行实时检测，通过大数据分析对驾驶风险进行评估及提示
线上沟通信息识别	对驾驶员和乘客线上沟通信息进行识别，尤其对涉及人车不一致的及时提醒干预

目前,国内外网约车平台安全产品功能对比见表2-7。

国内外网约车平台安全产品功能对比　　　　　　　　表2-7

功　　能	Uber	滴　滴	T3出行	神州专车	巴士管家
安全工具包/安全中心	√	√	√	√	√
安全出行指南	×	√	√	√	√
驾驶员实时ID检测	√	√	√	√	√
乘客实名认证	√	√	√	√	√
行前身份验证(PIN验证码)	√	×	×	√	×
号码保护	√	√	√	√	√
历史地址隐匿	√	√	√	√	√
紧急联系人	√	√	√	√	√
行程分享	√	√	√	√	√
紧急报警按钮	√	√	√	√	√
位置追踪保护	√	√	√	√	√
行程异常检测	√	√	√	×	√
行程中报告(非紧急安全问题)	√	×	×	×	×
驾驶员端行程录音	√	√	√	√	√
乘客端行程录音	√	×	√	×	×
车内录像保护	×	√	√	√	√
驾驶时长检测	√	√	√	√	√
超速警报	√	√	√	√	√
自行车道警报	√	×	×	×	×
司乘双方评价	√	√	√	√	√
安静模式	√	×	√	√	√
醉酒报备	×	√	√	√	√
7×24小时安全专线	√	√	√	√	√
关怀保险	√	√	√	√	√

注:T3出行仍增加车内物理按键一键报警、车内智能硬件语音播报、驾驶员驾驶行为报警、车辆碰撞报警等功能。

专题二　Uber网约车安全产品特色功能

行前身份验证(PIN验证码):在乘客发出订单后,Uber为所有乘客提供唯一的4位数PIN验证码以验证每一次行程,以帮助乘客确认其进入了正确的汽车,乘客可以口头表达提供给驾驶员,驾驶员必须将其输入到自己的App中才能开始行程。

乘客端行程录音:Uber在驾驶员端App采集行程录音信息并加密,用来发现及干预安全事件,乘客端App则可自主选择开启录音,以便进行行程异常取证。

行程中报告(非紧急安全问题):Uber推出了行程中报告功能并在全国范围内应用,允许乘客在行程中报告非紧急安全问题,出行结束后安全小组将给予支持。

自行车道警报:Uber与道路安全专家、自行车倡导者合作开发自行车道警报功能并在全球范围内扩展,使用公开的地图数据,当乘客即将下车的地点靠近自行车道或沿着自行车路线时,便会向乘客发出通知,提醒其在开门之前查看。

2.6 安全事件响应处置

我国网约车企业重视安全事件的响应与处置。目前,网约车平台公司设置投诉处理部门,建立乘客安全投诉处理制度,并设置投诉冻结机制,对涉嫌性骚扰、暴力等符合投诉冻结规则的驾驶员,暂停向该驾驶员提供服务,并认真调查核实情况。投诉属实的,予以处理;投诉不实的,应恢复服务权限。一般情况下,平台企业接到乘客咨询或投诉后,应在24小时内处理,5日内处理完毕,确实因特殊情况在处置时效内未能完结的,客服会及时与用户进行沟通,在处理完成后将处理结果告知用户。

对于乘客安全投诉情况和处理结果,平台企业将完整记录和保存,对于符合保障条件的安全事件,应按规定承担安全保障责任。同时,平台企业也会建立生产安全事故责任调查制度,按照"事故原因不查清不放过、事故责任者得不到处理不放过、事故责任者及相关人员未得到教育不放过、整改措施不落实不放过"的原则,对相关责任人进行严肃处理。

我国网约车企业在安全响应与处置主要做法见表2-8。

我国网约车平台企业安全事件响应处置主要做法　　　　　表2-8

企业名称	安全事件响应处置主要做法
滴滴出行	(1)成立了专门的安全响应中心,建立7×24小时安全响应机制,设立安全事件响应通道,搭建安全响应系统,完善安全响应流程,实现安全事件的分级响应与闭环处置; (2)基于安全响应系统,实现安全事件的协同处理、跟踪督办、实时查询、数据留痕等功能;安全响应通道设立于一线客服通道中,一线客服人员接到安全事件信息后,会按照事件分级迅速同步信息并复核响应; (3)设置安全客服专线,配备专门客服人员及操作系统,组织客服人员岗前培训及考核,并定期开展岗中安全培训; (4)安全专员接到事件信息后的首次触达、完成流程时间具有不同的要求,整体上应满足接到乘客咨询或投诉后,在24小时内处理,5日内处理完毕,并将处理结果告知乘客; (5)配备专业的应急处置团队,完成应急指挥、质检监察、协调运营、处置执行等方面工作; (6)建立了投诉冻结机制,在接到安全事件投诉后,立即暂定向驾驶员提供服务并认真调查核实情况;还建立了应急处置复盘机制,及时整改应急处置过程中存在的问题、完善应急预案,持续提升应急处置能力; (7)充分借助安全事件投诉记录、行程录音及视频回放、IM记录等方式,合法、妥善地对安全事件进行处置;保障接到驾驶员或乘客安全事件投诉后,在2小时内响应处理,并由应急处置人员跟进,直到安全事件得到妥善处置,涉及亡人的安全事件和刑事案件,在1小时内向当地交通运输管理部门及相关政府主管部门报告; (8)积极配合警方调证工作,设立线上调证机制,保证全年7×24小时对接警方调证工作组,当警方提供相关证件、材料后,在规定时间内配合完成调证,还接入了警方线索征集平台,依法依规协助警方打击违法犯罪
神州专车	(1)对投诉受理级别进行分类,不同的级别对应不同的投诉处理流程,从投诉处理结果上和处理实效上能最有效地解决客户问题; (2)对于投诉中重大紧急安全案件(涉及客户人身安全)及严重案件(司乘纠纷)等投诉类案件,会立即对涉事驾驶员进行停运处理,尽快核实投诉情况;核实结束后,对于投诉属实的,

续上表

企业名称	安全事件响应处置主要做法
神州专车	会按照投诉处罚规则对驾驶员进行罚款或解除合作处理;投诉不实的,可对驾驶员恢复接单权限,并告知驾驶员后续服务中多加注意; (3)设立线上调证机制,客服部可全年7×24小时对接警方调证工作组,警方如需调证,可通过发送证件、调取函,核实身份后,神州平台评估后,可在规定时间内配合警方完成调证; (4)发生安全事故时,及时组织公司重大事故的处理工作,按"四不放过"(事故原因未查清不放过、责任人员未处理不放过、整改措施未落实不放过、有关人员未受到教育不放过)的原则对相关责任人进行处理
T3出行	(1)开展安全风险评估和自身应急资源调查的基础上,构建安全事件应急预案体系,体系分为综合应急预案、专项应急预案和安全场景处置SOP;按预案提出的7×24小时安全响应机制要求,设立一线客服、安全客服、应急响应、安全处置等团队,定期对预案相关人员进行能力培训,定期对预案进行演练; (2)公布了安全事件投诉电话和其他投诉渠道;一线客服接报安全事件信息后,会按照安全事件信息报告程序和安全事件应急预案进行先期处置和信息转报;安全客服接报升级安全事件信息后,依据安全事件定级标准对安全事件进行研判分级,从而采取对应的安全事件应急流程并完成闭环处理; (3)对于车辆一键报警、订单路径偏移和异常停留等安全事件,应急响应中心接报后,会借助车辆实时监控、行程录音录像回放、历史安全事件记录等方式研判安全事件情况,依法妥善地对安全事件进行处置。此外,应急响应中心还支持安全事件处置全流程指挥、全年7×24小时警方调证、安全事件封禁冻结等能力; (4)对于等级较高的安全事件,在各地均设立了完备的安全事件线下处置团队,7×24小时备勤待命;接报安全事件信息后,线下安全处置团队通过首触联络、现场触达、组织救援、费用垫付、配合等动作,以最大限度地保障用户生命财产安全
巴士管家	(1)人工客服实行7×24小时在线机制,保证各类安全投诉能够及时响应、安全事件能够得到及时处置、公安调证能够及时对接处理; (2)对于安全类违规包含但不限于:酒驾/毒驾等、私自变换车主/非驾驶员驾驶、服务期间打架斗殴、驾驶员原因引发交通事故、急加速、急变道、急刹车等,安全类问题引发投诉一经核实,采取封禁和罚款处罚。情节严重者账号永久封禁; (3)对于服务质量和安全类投诉,封禁时间按照一天、一周、一月、一年、永久为时间维度,惩罚时间依次累加。视情况严重性决定起步时间维度,同时给予驾驶员降低时间维度的机会,如目前驾驶员处罚维度在一周,下次再犯应该处罚一个月。如果一个月无任何违规,原先时间可以降低一个档次; (4)针对自营车辆和驾驶员的相关信息,由公安机关、行业主管部门出具相关手续,公司将积极配合进行调取相关数据材料;聚合打车模式的由巴士管家联动供应商提供
欧了出行	(1)开展安全事件分等级受理,所有投诉均抄送至各城市分公司司管及安全法务总监;涉及重度投诉,客服经理接收后15分钟内上报分管业务领导及总经理,责任部门第一负责人作为主负责人,30分钟内响应,4小时提供解决方案; (2)建立了司乘投诉冻结机制,具体冻结条件包括利用任何方式方法危害"欧了出行"网站系统的安全;利用本平台损害国家、集体、任何第三人的合法权益;在本平台网站上复制、发布

续上表

企业名称	安全事件响应处置主要做法
欧了出行	任何形式的虚假信息,或复制、发布含以下内容的信息;危害国家安全、泄露国家秘密、煽动民族仇恨、宣扬邪教和封建迷信、散布谣言、扰乱社会秩序、色情、赌博、暴力、凶杀、恐怖或含有法律、行政法规禁止的其他内容;本平台发现登录账号异常情况或有合理理由怀疑操作有风险或违规行为;违反《用户服务协议》相关规定; (3)建立驾驶员账号禁用机制,具体禁用条件包括由于驾驶员原因给乘客或第三方造成损失,不积极配合处理的;驾驶员在线但无法正常提供服务,如联系不上驾驶员、驾驶员手机设备异常等;安全投诉情节严重的避免事态升级,禁用驾驶员账户; (4)构建警方协调机制,具体流程为:确认警方身份、来电事由、事件详情等信息,通过线上渠道提供警方证件信息,确认警方身份后,配合提供相关信息;将调证信息同步至城市分公司司管及安全组

2.7 隐患治理与风险管控

我国网约车企业通常会编制和实施应急预案,并有着对应的应急预案演练计划,根据实际情况定期开展应急预案演练或者专项应急预案演练,对应急预案演练效果进行测评,分析存在的问题。网约车平台企业也会建立安全生产隐患排查治理制度,对车辆、驾驶员、订单等安全各要素和环节进行安全隐患排查,及时消除安全隐患。在具体形式上,采用综合检查、专项检查、季节性检查、节假日检查、日常检查等方式,逐月开展安全隐患排查工作,及时发现和消除安全隐患,加强安全隐患的闭环管理和动态管理。对排查出的安全隐患进行登记和治理,落实整改措施、责任人和完成时限,及时消除安全隐患。对于能够立即整改的安全隐患,应立即组织整改;对于不能立即整改的安全隐患,应组织制订安全隐患治理方案,依据方案及时进行整改;对于自身不能解决的安全隐患,应立即向有关部门报告,依据有关规定进行整改。事后,还要建立安全生产隐患排查治理档案,档案应包括:隐患排查治理日期、隐患排查的具体部位或场所,发现安全隐患的数量、类别和具体情况,安全隐患治理意见,参加隐患排查治理的人员及其签字,安全隐患治理情况、复查情况、复查时间、复查人员及其签字等。安全隐患排查治理档案保存时间36个月以上。网约车平台企业也鼓励建立有奖举报机制,发动员工、从业者发现和排除安全隐患,鼓励社会公众举报。

企业风险防控方面,网约车企业通常建立安全风险辨识和评估机制,结合业务特点和风险类别,全面开展风险辨识,科学评定风险等级。根据安全风险评估的结果,针对安全风险的类型、特点、机理等方面,研究和实践安全风险管控措施。在实际运营过程中,有能力的企业会充分发挥互联网和大数据优势,结合线上、线下形式,通过规则策略、产品技术、数据模型、飞行检查、硬件设备等多种方式,达到规避、降低和监测安全风险的管控目的。多数平台企业会关注运营状况和危险源变化后的安全风险状况,动态评估安全风险管控措施,推动安全风险管控工作持续处于优化完善过程中。

我国网约车企业在安全检查、安全监察、隐患排查治理主要做法见表2-9。

我国网约车平台企业隐患治理与风险管控主要做法　　　表 2-9

企业名称	隐患治理与风险管控主要做法
滴滴出行	(1) 建立安全监察体系,根据年度安全检查计划,对网约车进行安全检查、隐患排查和整改反馈,形成能见效、可闭环、自运转的动态循环管理过程; (2) 通过安全检查、安全事件、数据预警、流程监控、员工上报等渠道识别安全风险和隐患线索,进行核查确认,评定等级; (3) 对于重大有责事件以及违反规定造成后果的安全隐患,由多部门组成调查团队,回溯过程并查找成因; (4) 根据调查报告,制订整改措施、完成事件及落地执行标准,完成整改后,对其进行评估检查
神州专车	(1) 实施安全生产检查工作,做到安全检查制度化、规范化; (2) 配合政府及其有关部门的安全生产监督管理工作,每季度至少组织督促、检查一次本单位的安全生产,对事故隐患采取切实有效措施进行整改,对无能力整改的向本单位安全生产第一责任人报告,并提出相应的处理意见,及时消除生产安全事故隐患检查及处理情况应当记录在案; (3) 建立安全隐患有奖举报机制,发动员工、驾驶员及社会公众发现和排除安全隐患
T3出行	(1) 针对公司运营模式特点,选择工作危害分析(JHA)、安全检查表(SCL)、LEC评价法等方法,每季度组织行业专家和全体员工全方位、全过程辨识公司业务流程、车辆设施、驾驶员行为和管理体系等方面存在的安全风险,并对识别出的安全风险进行分类、梳理、评估和确定管控措施,最终输出《T3出行安全风险防控清单》; (2) 根据安全风险防控清单,结合公司组织架构和岗位职责,确定《全员安全隐患排查治理清单》;通过岗位日常检查、管理月度排查、安全不定期监察,排查存在隐患并按责任、措施、资金、时限和预案"五到位"的原则对安全隐患实现闭环管理; (3) 对于安全事件,公司严格依据《安全事件调查处理制度》进行调查处理,对责任人严肃问责,并执行一票否决
巴士管家	(1) 建立安全生产检查制度,以查制度、查措施、查隐患、查教育培训、查安全防护、查车辆、查驾驶行为、查劳保用品使用、查伤亡事故处理等为主要内容; (2) 安全检查采取综合检查、定期安全检查、专业检查、季节性检查、日常检查和自查等形式; (3) 综合检查、定期安全检查由分公司总经理负责组织开展,每季度不少于一次。相关部门负责人应参加检查。专业检查由各业务中心组织开展,每月不少于一次。相关业务部门负责人应参加检查; (4) 根据季节变化特点,总经理组织或指定营运安全部组织开展季节性检查; (5) 对排查出的事故隐患应当进行登记,建立事故隐患信息档案。营运安全部应当于每月月底进行事故隐患排查治理情况统计分析,并将相关材料归档保存

2.8 行业交流与学术合作

为进一步推进网约车行业安全发展,各网约车企业积极参与行业交流,包括论坛、博览会,分享探讨网约车安全问题及成功经验;同时积极参与安全相关的科研项目,研究网约车安全理论和技术。

我国网约车企业参加行业交流和学术合作的具体实践见表2-10。

我国网约车平台企业行业交流与学术合作实践　　　　　表2-10

企 业 名 称	行业交流与学术合作实践
滴滴出行	(1)参加多届中国道路交通安全产品博览会,展示前沿驾驶安全、安全应急指挥中心等安全产品技术,并多次获奖; (2)参加应急管理部主办的"2020国际安全和应急博览会",以"科技守护安全"为主题,展示网约车、车服、代驾、两轮车在安全方面的科技创新、产品实践以及成功经验; (3)参加"2020年全球人工智能产品应用博览会",滴滴的"网约车人身安全智能保障系统"获得智博会产品金奖; (4)滴滴与世界级高校和研究机构建立深度合作,将科学研究与产业需求紧密结合,共同探索校企研究合作的新模式; (5)滴滴已先后与密歇根大学、斯坦福人工智能实验室、清华大学、同济大学等建立合作关系,构建一个良性共赢的"AI for Transportation"科研新生态; (6)承担了"十三五"国家重点研发计划的子课题"互联网+城市交通网络安全韧性提升技术研究(2018YFC0809905)",搭建了道路交通安全韧性监测、评估、预警与管控平台,评估不同城市交通安全韧性等级,并采取针对性风险预警与管控措施,不断提升城市交通安全韧性水平
神州专车	(1)积极参加交通运输部的各项行业相关会议,例如网约车平台团标相关会议,参与制订网络预约出租汽车平台公司运营安全自律规范; (2)积极参与《网约车安全措施公众满意度调研》,参加过交通运输企业"信易行"座谈会,共同探讨为社会公众提供出行服务过程中,让诚信者获得优惠便利、失信者受到限制约束的经验做法
T3出行	(1)融合车联网架构的出行平台,为出行安全提供技术支撑。T3出行前台系统涵盖深度定制的车载智能硬件、各类出行产品,可提供安全、快捷、高品质的移动出行服务;后台系统基于微服务构建能力中心,借助基础设施云平台,为车联网的运转调度提供强大技术能力支撑。贯穿全平台的安全运营与管理系统,则能保证日常百万级车辆的运营管理; (2)基于车联网,独创V.D.R安全防护系统,三位一体保障出行安全。基于V.D.R安全防护系统,平台可实现对车辆的实时管理、对驾驶员的全时段管理以及实现危险情况时候的主动预判
巴士管家	(1)积极参加交通、互联网、一卡通行业展会及高峰论坛,呈现巴士管家在交通安全、互联网方面的科技成果; (2)参加多届中国道路交通运输协会年会,展示巴士管家在"交通+互联网"行业相关的智能产品,2020年8月,入选交通运输部"十大运输服务榜样品牌"; (3)参加江苏省互联网发展大会,并获评"江苏省互联网50强企业",2020年9月参加第四届交通信息化论坛暨智慧交通产品技术博览会,展示了巴士管家在"城际客运+市内出行"领域的各项安全智能产品; (4)巴士管家与云从科技达成战略合作,共建"AI+客运"服务生态。"AI+客运"引入云从科技人机协同操作系统——轻舟行业大脑,把行业领先的人脸引擎、人体引擎、活体引擎、OCR引擎、车辆引擎、调度引擎等AI功能应用到道路客运信息化建设

2.9 企业社会责任与政企合作

我国网约车平台企业在提供出行服务的同时,也积极承担企业社会责任,参与公益活动中,为需要帮助的人提供支持;与公众保持沟通,发布安全信息,倾听公众意见建议,接受社会监督;与警方合作,利用平台优势为警方打击犯罪提供帮助。

我国各网约车企业在承担社会责任和政企合作方面的具体实践见表2-11。

我国网约车平台企业社会责任与政企合作实践　　　表 2-11

企业名称	企业社会责任与政企合作实践
滴滴出行	（1）携手公益组织"麦田计划"开展捐资助学活动,成立公益车队护送志愿者到达甘孜,并带去学习用品、安全读本等物资,在当地开设安全课堂; （2）滴滴"橙果"奖是国内首个关注网约车驾驶员子女教育的公益项目,面向高考中成绩优异的网约车驾驶员子女,通过颁发奖学金和开展青年发展夏令营的方式,支持驾驶员家庭,助力教育发展; （3）和《人物》杂志一起,策划《滴滴行者》专刊,记录了33个感人的故事,他们中有乘客、驾驶员、战斗在抗疫一线的逆行者、公益人、父亲、母亲、丈夫和妻子,《滴滴行者》通过记录着一次次平凡的出行,传递他们对家庭和社会的价值; （4）不断加强与公众间的安全沟通,通过安全发布、媒体/驾驶员开放日、公众评议、有问必答等多种方式公开、透明安全运营情况,积极倾听各方意见建议。其中,安全发布是滴滴面向社会公开透明、公示安全运营情况、听取公众意见建议及期待社会共建共治的沟通平台,目前为止,共发布6期内容,包括《车内冲突安全透明度报告》、"滴滴与警方共筑安全六项进展"、《滴滴协助寻找"失联"用户数据透明度报告》以及《醉酒乘车安全透明度报告》等; （5）2019年,共举办了2次媒体开放日与1次驾驶员开放日,在首次举办安全主题媒体开放日上,安全管理团队详细公布安全工作进展,并坦诚沟通目前安全工作中存在的难点和痛点,希望积极倾听社会各方意见建议,推动共治共建共享出行安全;在驾驶员开放日上,则邀请了52位网约车驾驶员,滴滴的四位同事向师傅们汇报了2019年驾驶员服务工作; （6）滴滴公众评议自上线以来,已经围绕驾驶员能否拒载独自乘车的醉酒乘客、网约车为私人空间还是公共环境、遗失物品送还需要支付多少费用、是否支持网约车驾驶员评价乘客等多种热点安全问题进行讨论,邀请社会各界共同探讨; （7）在政企合作方面,滴滴也积极探索与警方合作的多种创新模式,共同保障司乘出行安全和社会安全。除了联合公安部门提升平台驾驶员背景审查能力外,还邀请地方优秀公安干警以"入驻"平台安全中心、录制语音播报等方式,提醒司乘出行安全注意事项、预防安全风险;同时,在"一键报警"功能方面持续与各地警方沟通,尝试短信报警、视频报警、图文报警等多种直连警方的报警形式。此外,滴滴还设立了线上调证机制,全年7×24小时支持警方调证需求;接入"线索征集"平台,用户可通过平台上报各类犯罪线索,协助公安机关共同打击犯罪;联合警方打击黑车,保护用户信息、财产安全
神州专车	（1）连续6年在全国多地参与"爱心送考"活动,为高考考生提供点对点免费送考服务,让考生更加安全、准点抵达考场。已经累计为上万名考生免费送考。"高考神助攻"爱心送考公益项目获得第十二届人民企业社会责任奖年度案例奖; （2）新冠疫情期间,神州专车迅速响应,神州驾驶员往返700多公里,免费护送担负湖北省应急航空救援任务的飞行员,安全抵达武汉;

续上表

企业名称	企业社会责任与政企合作实践
神州专车	(3)在警企合作方面,神州专车已开发"应急求助"功能,在应急求助页面,电话可拨打110、亲密联络人、神州客服电话; (4)设立线上调证机制,客服部可全年7×24小时对接警方调证工作组,警方如需调证,可通过发送证件、调取函、核实身份后,神州平台评估后,可在规定时间内配合警方完成调证
T3出行	(1)设立了乘客和驾驶员专线、微博、微信等渠道,收集并反馈公众提出的意见和建议; (2)在每个城市公司均设立了相应机构和场所,搭建面对面沟通的渠道; (3)政企合作方面,除与行业管理部门要求做好运营数据对接、驾驶员背景审查、7×24小时警方调证外,T3结合车联网载体,通过车辆物理一键报警、车内音视频实时监控等功能,积极探索安全事件警企"一键联动"处置机制
巴士管家	(1)2020年2月新冠疫情期间,巴士管家联动苏州市城市客运管理处为苏州的出租车驾驶员师傅们免费赠送了安全防护物资(消毒酒精、护目镜等)。巴士管家上线了疫情期间客运停复班实时查询、订阅复班提醒;巴士管家联动苏州市交通运输部门推出了复工企业返苏人员运输服务平台; (2)2020年3月在苏州市城市客运管理处的指导下巴士管家开发的乘车实名登记系统,免费服务太仓等地出租车和公交车,为了协助抗击疫情,做到人员可溯源; (3)2020年5月巴士管家参与了苏州市垃圾分类志愿者服务专项行动; (4)2020年9月份巴士管家加入了"99公益日"共圆孩子上学梦

2020年,全球遭受了百年不遇的新冠疫情,我国网约车平台企业响应政府号召,做好"戴口罩、测体温、勤通风、勤消毒、防护膜"五项防疫措施,同时多家平台企业投入专项基金,成立医护保障车队,为一线医务工作者提供出行保障,为打赢疫情防控攻坚战,作出了重要贡献。

专题三 网约车抗疫服务

新冠疫情期间,滴滴推出网约车防疫标准,做好"戴口罩、测体温、勤通风、勤消毒、防护膜"五项防疫措施,并结合中国的防疫经验,在全球范围内持续向驾驶员、乘客推送健康安全出行提示,做好驾驶员、乘客的安全防护工作。

滴滴在各城市设立线下防疫站,进行车辆消毒,发放口罩等防护物资;设立专项资金为网约车免费安装车内防护膜,以尽可能预防飞沫传播,这项经验获得相关医疗机构的认可,也逐步走向海外市场,并率先在拉美国家落地。

滴滴在国内的武汉、北京、南京、郑州、厦门等多个城市成立医护保障车队,免费为医护人员提供出行服务。同样地,在国外一线医务工作者都可以通过滴滴App得到免费或优惠的出行、外卖服务。

疫情暴发以来,滴滴在国内已投入超过3亿的抗疫专项资金,用于多地保障车队的服务、防护膜安装,以及为驾驶员采购消毒液、口罩等防疫物资,同时为所有驾驶员和乘客免费提供新冠肺炎专项保险。在全球其他国家,滴滴同步设立1000万美元专项扶助基金,覆盖巴西、墨西哥、智利、哥伦比亚、哥斯达黎加、巴拿马,以及澳大利亚和日本,为受新冠肺炎疫情影响的驾驶员和骑手提供帮助。

此外,滴滴自主研发推出"口罩佩戴识别"AI技术,该技术可智能识别口罩是否佩戴规范。出车前的口罩佩戴识别的准确率超99.5%,行程中智能抽检识别准确率超过98%。同时,滴滴云免费向国内科研机构、医疗及救助平台等相关方开放GPU、CPU云服务器等基础算力支持服务,助力疫情防控。

2.10 安全文化塑造

网约车平台企业通过塑造安全文化,树立安全理念、安全意识,规范安全行为。通过培养员工共同认可的安全价值观和安全行为规范,在企业内部营造自我约束、自主管理和团队管理的安全文化氛围,最终实现持续改善安全业绩、建立安全生产长效机制的目标。

我国网约车企业在安全文化塑造方面的具体做法见表 2-12。

我国网约车平台企业文化塑造做法　　　　　表 2-12

企 业 名 称	企业文化塑造做法
滴滴出行	为了加强安全工作的常态化,滴滴高度重视员工安全意识培养与企业安全文化塑造,完成全体员工安全培训及安全序列员工专项培训、管理者安全培训与调研学习等相关项目;建立安全教育室,向员工全面展示滴滴遭遇的安全事件与安全整改举措;根据政府部门安全工作要求与企业安全工作需要,开展安全生产月、122 交通安全日、21 天安全带打卡等安全文化活动,不断培养企业安全文化氛围
神州专车	(1)神州专车自上线以来,公司主打安全牌,在互联网出行领域响亮提出了"除了安全、什么都不会发生"的口号,并广泛通过央视等主流媒体唱响安全的主旋律; (2)神州专车以安全运营作为企业立足之本,凭借"专业车辆、专业驾驶员"的独特优势,对照交通运输部暂行办法以及各地实施细则的要求,进一步完善了车辆和驾驶员管理制度,不断提升保障安全运营的能力和水平
T3 出行	(1)安全文化作为 T3 出行 SMS 安全管理体系五大核心模块之一,其建设过程充分考虑了公司自身内部和外部的文化特征,从引导公司所有从业人员的安全态度和安全行为去实现在政府监管和企业管理基础上的安全自我约束; (2)公司 CEO 作为安全第一责任人,带领管理团队通过公司办公网络、邮件、会议等方式向全公司以及相关方做出安全承诺,包括公司安全愿景、安全使命、安全方针、安全理念以及安全政策; (3)安全行为规范方面,公司发布了《管理人员安全工作手册》《驾驶员安全文明驾驶行为手册》,明确所有从业人员在安全工作中的职责与权限以有效控制其安全行为; (4)安全行为激励方面,公司鼓励员工积极主动报告安全隐患,倡导无惩罚报告,除非被证明为故意违规、违章或违法行为;公司按年度开展安全先进表彰活动,并定期树立驾驶员好人好事、见义勇为等行为榜样; (5)安全自我学习方面,每一位新员工入职时均需要接受安全警示教育;每一位管理人员,均需要完成安全培训并考核合格方可上岗;每一名驾驶员,除需完成服务前准入培训外还需接受月度、专项等安全培训学习; (6)安全宣传活动方向,除开展安全生产月、122 交通安全日活动外,公司还定期组织安全宣誓、安全体验、应急预案演练、安全知识竞赛、驾驶员安全分享等活动
巴士管家	(1)安全是红线也是底线,巴士管家坚守"红线意识"和"底线思维"。严格落实安全生产培训工作,组织全员观看《让生命无憾》交通安全系列公益宣传教育片。观看江苏省交通运输厅《人生没有如果》交通安全警示教育片。针对文职人员和驾驶员工作的性质分别开展不同

续上表

企业名称	企业文化塑造做法
巴士管家	类型的安全生产培训：①用电安全、各类消防灭火器使用；②防御性驾驶培训。针对不同季节开展不同培训；①夏季高温安全应急知识(中暑、溺水、触电……)；②冬季静电危害应急知识；还有常见的各类安全生产事故的应急处理等； （2）安全管理人员定期参加政府应急管理部门组织的各类安全生产培训，并要求考取安全管理员证书。积极地对内开展安全生产知识培训和讲座，高度重视企业从业人员的安全意识培养和企业安全文化的塑造

专题四 滴滴全员 21 天安全带打卡

为提高安全带使用率，让员工养成系安全带的习惯，形成全员参与安全的良好氛围，滴滴于 2019 年 8 月发起全员 21 天安全带打卡活动。员工拍摄系安全带的照片并共享至朋友圈，即算打卡成功，完成 21 天挑战的员工可获得一定的奖励。活动期间，共有 2600 名员工挑战成功，成效显著。

响应"一盔一带"的号召，滴滴于今年 8 月再次发起安全带打卡活动，鼓励全员践行乘车系安全带的动作。此外，滴滴企业版 App 上线 CEO 和总裁录制的特别版安全提示播报，温馨提醒全体员工；乘车时无论前排或后排，都要记得系安全带。

第3章 网约车行业安全运营指标分析

网约车安全运营分析是衡量网约车安全水平发展的重要内容。2019年12月，Uber发布首个安全报告，披露了平台在美国的安全运营数据，整体趋势向好。经过行业及社会各方的共同努力，中国网约车行业安全水平也明显提升。但目前我国网约车行业尚未有公开披露的安全数据，也导致难以开展横向对比工作。本报告将部分公开数据加以引用，以探视我国网约车行业安全发展状况。本章内容对Uber的安全运营指标进行介绍，以期为我国网约车行业所借鉴，然后对我国网约车安全现状开展公众问卷分析，初步了解我国网约车安全的公众感知。

3.1 Uber公司安全运营分析

Uber在《美国安全报告》中，对平台统计的道路交通死亡事故、人身攻击致死事件、涉性事件的指标定义、统计口径、数据结果进行了解读。

3.1.1 道路交通死亡事故

纳入统计的道路交通死亡事故必须满足以下条件：
①事故是在订单中[①]发生，也包含行程起终点、驾驶员和乘客上下车过程发生的事故；
②事故涉及平台驾驶员或乘客，不论平台司乘的事故责任；
③事故发生后30天以内至少有1人死亡，不论死者身份。

对于驾驶员处于离线状态、在线但未接到订单、乘客已离开目的地等情况下发生的死亡事故均不属于Uber平台的统计范畴。

值得注意的是，Uber在数据统计分析的时候，将平台接报的道路交通死亡事故与美国死亡分析报告系统(Fatality Analysis Reporting System，FARS)的数据进行一一比对，移除了不在FARS系统中的数据。2017年和2018年一共有22起死亡事故不在FARS系统中，原因包括：①人员死亡时间在事故发生30天以后；②事故发生之前由于健康因素导致人员死亡的；③发生的交通事故报告给了Uber，但是FARS系统中并没有记录到与Uber车辆相关，比如连环追尾事故；④其他原因。

按照以上阐述的定义和统计口径，Uber在报告中的数据见表3-1。

Uber道路交通死亡事故统计 表3-1

时间	事故起数(起)	死亡人数(人)	亿订单死亡人数(人/亿单)
2017年	97	49	4.9
2018年	97	58	4.5

[①] 订单中的定义：对于驾驶员来说，指驾驶员接受订单请求开始，至乘客下车结束订单；对于乘客来说，指乘客上车开始至下车。也包含在乘客上下车地点，驾驶员或乘客上下车的过程。

从车辆碰撞对象来看,2017—2018 年 Uber 平台上,车辆间碰撞事故最多,发生 63 起,占 64.95%,其次是与非机动车或行人碰撞,占 30.93%。由于美国机动化程度及人均汽车保有量远高于中国,以车辆间事故为主,而国内交通环境复杂,具有电动车数量多、机非混行冲突多等特征,我国网约车交通事会呈现出与 Uber 不同的特征。

从事故中死亡人员身份看,2017—2018 年 Uber 平台上,行人、平台乘客和平台驾驶员在事故中死亡最多,分别占死亡总数的 22.43%、21.5% 和 20.56%,其次是第三方汽车驾驶员和摩托车驾驶员。根据我国以往交通事故案例统计,行人在事故中死亡最多,远高于其他类别,其次是第三方乘员(含汽车、摩托车、非机动车),最后是非机动车骑行者。这与中美的道路通行环境有关,美国公路交通环境中行人相对较少,车速普遍较高,一旦发生车车事故,车内驾乘人员伤害严重,而中国正处于快速城市化进程中,交通拥堵现象普遍,行人、非机动车交通违法多发,一旦发生事故,行人等弱势群体死伤严重。

3.1.2 人身攻击致死事件

根据《全球和平指数 2020》①(*Global Peace Index* 2020)报告,从 2008 年开始,全球和平程度整体呈恶化趋势,过去 12 年中仅 2013 年、2014 年和 2019 年有所好转,其余 9 年均在恶化。人身攻击致死事件是其中的关键指标之一。Uber 平台上该指标指的是遭遇身体攻击导致至少 1 人死亡的事件,需满足以下任一项条件:

①发生在订单中,驾驶员或乘客至少有一方参与人身攻击事件,如司乘之间、驾驶员或乘客与第三方之间、乘客之间。

②发生在订单结束后 48 小时内,平台匹配的用户之间发生的人身攻击事件。

按照以上阐述的定义和统计口径,Uber 在报告中的数据见表 3-2。

Uber 人身攻击致死事件数量   表 3-2

时 间	死亡人数(人)	亿订单死亡人数(人/亿单)
2017 年	10	1.00
2018 年	9	0.77

Uber 平台上 2017—2018 年共发生 18 起人身攻击致死事件,造成 19 人死亡,其中 1 起造成 2 人死亡;从死者身份来看,2017—2018 年 Uber 平台中,乘客遇害占比最高,为 42.11%,其次是驾驶员占 36.84%,第三方占 21.05%。

3.1.3 涉性事件

纳入统计的涉性事件需满足以下任一项条件:

①发生在订单中,驾驶员或乘客至少有一方参与,如司乘之间、驾驶员或乘客与第三方之间、乘客之间。

②发生在订单结束后 48 小时内,平台匹配的用户之间发生的涉性事件。

《美国安全报告》中的数据来自于涉性事件报告,这些报告反映了报告方的描述,再由专

---

① 该报告由经济与和平研究所编制,对 163 个独立国家和地区进行和平程度排名。全球和平指数是基于 23 个定性和定量的指标计算,涵盖社会安全与保障水平、正在进行的国内和国际冲突程度、军事化程度三个方面。

业团队进行审查分类。在审查过程中,安全支持团队通过与所有相关方交谈,并采集其他信息来获得的相关事实,例如 GPS 行程数据、照片、视频、App 内通信等。受害者无需"证明"自己被侵犯,该团队会根据受害者的过程陈述来采取行动,不需要结论、确证或受害者的"信誉",如果受害者无法或不愿意提供过程陈述,则根据案例审查过程获得的相关事实判断。因此,这些报告不一定反映严重安全事件的实际发生次数,也不表示任何特定案件的最终处置。

此外,受害者可能出于多种个人原因撤回报告或者拒绝继续追究被告方的行为,《美国安全报告》中的数据包含了被受害者撤回(未确认)的报告。

Uber 于 2018 年与来自全国性暴力合作资源中心(National Sexual Violence Resource Center, NSVRC)和城市研究所的专家合作,共同开发新的分类法,对涉性事件报告进行统一分类,以便更好地了解非自愿的性行为事实。

基于 Uber 的涉性事件报告,NCVRC 和城市研究所小组制订了初始分类法,并与 Uber 进行研讨完善分类法,经过广泛的内部测试后,对分类法进行进一步修改完善。最终的分类法将非自愿的涉性行为分为两大类,即性侵犯和性不端行为,再分为共 21 个二级分类。

审核员对涉性事件的解读具有一定主观性,《美国安全报告》中所分析的涉性事件的分类一致性达到 85%,即审核员与内部安全分类专家将同一事件划分为同一类的概率为 85%。其中,未经对方同意性侵犯的分类一致性超过了 99%,表明对于最严重的性侵犯类别,其分类可靠性和一致性非常高。未经对方同意试图性侵的分类一致性仅为 78%,是唯一未达到 85% 的类别。

《美国安全报告》中仅针对最严重的 5 个小类指标定义和数据进行了解读,包括未经对方同意性侵、未经对方同意试图性侵、未经对方同意亲吻性身体部位、未经对方同意亲吻非性身体部位、未经对方同意触摸性身体部位,具体定义见表 3-3。

涉 性 事 件 定 义　　　　表 3-3

① 未经对方同意性侵:未经明确同意,用任何身体部位或物体侵犯使用者的阴道或肛门,包括用性器官或性身体部位侵犯他人的嘴,但不包括舌吻。【包括未经同意的手指侵入(阴道或肛门)、未同意的口交(生殖器或肛门)、外物侵入(阴道或肛门)、未经同意的肛交、未经同意的阴道性行为。】
② 未经对方同意试图性侵:未经明确同意,试图用任何身体部位或物体侵犯他人的阴道或肛门;任何试图脱去他人衣服以试图进入性身体部位的行为;试图用性器官或性身体部分插入他人的嘴,但不包括舌吻或试图舌吻。【包括不限于以下场景:试图或完全脱掉衣服或者扒开衣服露出受害者的性器官;用强制或武力压迫受害者(如:站在受害者之上或压制受害者);潜在的受害者能够回忆并有 Uber 行程记录,但记忆明显缺失或碎片化,且无法解释苏醒/恢复意识时未穿衣服或苏醒/恢复意识时不在预定的目的地。】
③ 未经对方同意亲吻性身体部位:未经同意,亲吻或强迫亲吻胸部或臀部,包括亲吻嘴唇或在接吻时使用舌头
④ 未经对方同意亲吻非性身体部位:未经同意,亲吻、舔、咬或强迫亲吻、舔或咬任何非性身体部位(手、腿等)
⑤ 未经对方同意触摸性身体部位:未经明确同意,触摸或强迫触摸任何性身体部位

注:性身体部位包括嘴、臀部、生殖器、女性乳房,在两腿之间也被定义为性身体部位,其他身体部位被定义为非性身体部位。

按照以上阐述的定义和统计口径,《美国安全报告》中的数据进行统计见表 3-4。

Uber 涉性指标数据　　　　　　　　　　　　　　　　　　　表 3-4

事件类型	事件数量			
	事件起数		亿订单事件起数	
	2017 年（起）	2018 年（起）	2017 年（起/亿订单）	2018 年（起/亿订单）
未经对方同意性侵	229	235	23	18
未经对方同意试图性侵	307	280	31	22
未经对方同意亲吻性身体部位	390	376	39	29
未经对方同意亲吻非性身体部位	570	594	57	46
未经对方同意触摸性身体部位	1440	1560	144	120

从投诉人身份看,2017—2018 年 Uber 平台上以乘客投诉他人最多,占 56%,驾驶员仅占 42%。从被投诉人(施害者)身份看,2017—2018 年 Uber 平台上发生的涉性事件中,54% 的施害者是驾驶员,45% 是乘客。

3.2　国内典型企业安全运营分析

目前,国内网约车行业运营安全数据尚无统一梳理,《中国网约车安全发展研究报告》以滴滴企业公布的《车内冲突安全透明度报告》和《醉酒乘车安全透明度报告》中的安全数据来探视国内网约车行业安全状况。

3.2.1　《车内冲突安全透明度报告》数据指标

滴滴平台 2019 年第一季度发布《车内冲突安全透明度报告》,表明 2019 年第一季度,滴滴网约车和网约出租车共收到来自司乘双方关于车内纠纷冲突的安全进线 8 万次,约占二者订单总和的 0.0042%。8 万次投诉中,35% 以上都是虚假投诉。具体车内冲突数据分布情况见图 3-1 所示。

涉及违法犯罪的案件共 121 起,相当于每亿单 6.3 起;其中公安机关立刑事案件 10 起,相当于每亿单 0.5 起;公安机关受理治安案件 111 起,相当于每亿单 5.8 起。

3.2.1.1　公安机关立案 10 起刑事案件(相当于每亿单 0.5 起)

(1)驾驶员侵害乘客 4 起:1 起为驾驶员在订单结束后抢劫乘客手机,乘客报警后涉事驾驶员被抓获,乘客受到惊吓未受伤;1 起为乘客酒后携带大量现金和贵重物品乘车,驾驶员趁乘客下车去厕所时,见财起意立即开车离开,后警方将涉事驾驶员抓获;2 起为双方离线私下交易后驾驶员对乘客进行强奸或强制猥亵。

(2)乘客侵害驾驶员 4 起:1 起为常德乘客因悲观厌世,故意杀害驾驶员;1 起为乘客因欠下多笔网贷,抢劫驾驶员并最终杀害驾驶员;2 起抢劫均为乘客因经济负债、生活窘迫等原因抢劫网约车驾驶员财物。

(3)司乘互殴2起:均为乘客因醉酒要求驾驶员违规停车和在订单结束后不下车,驾驶员未有效克制情绪,双方言语谩骂导致冲突升级,大打出手,致其中一方受伤。

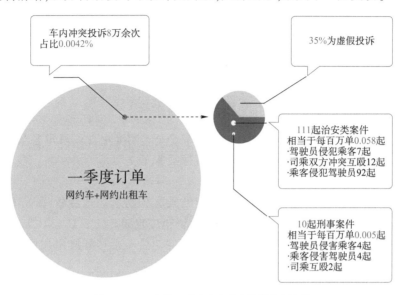

图3-1 2019年第一季度车内冲突数据分布情况

3.2.1.2 公安机关受理调查111起治安案件(相当于每百万单0.058起)

(1)约46%为乘客醉酒后,在车内呕吐、要求驾驶员违规行车、踢踹车门、对线路及费用存异以及抢夺转向盘、行车中触碰汽车挡位等行为引发驾驶员不满,司乘双方言语呛火引发冲突。

(2)约30.6%为乘客在非醉酒状态下,因在车内吸烟、污损车饰、要求超速行驶、超员载客等不当行为遭到驾驶员制止、拒绝后,双方言语升级引发冲突。

(3)约21.6%为司乘双方因线路、费用、上车点位分歧,乘客或驾驶员等候时间过长以及因突发情况取消订单等情况,相互争吵理论引发冲突。

(4)以上案件均为司乘双方发生肢体冲突,共109起,其余2起案件为驾驶员猥亵乘客,约占1.8%。

从案件办理情况看,上述111起案件中,驾驶员侵犯乘客的案件7起,司乘双方冲突升级互相殴打的案件12起,乘客侵犯驾驶员的案件92起。

3.2.1.3 典型案例

(1)案例一。

2019年2月,驾驶员王某在订单结束后,对乘客实施抢劫。行程中,乘客一直在看手机,驾驶员到达目的地结束行程后偏离路线,乘客未发觉,后驾驶员逼迫乘客关机并要求乘客交出手机,乘客将行程共享给家人,在关机之前给家人发送了求救信息,后家人报警,警方根据乘客行程位置,出警并在现场附近将驾驶员抓获。事后乘客表示自己受到惊吓但没有受伤。

经与公安机关了解,目前驾驶员王某已被批捕,检察院已对该案提起公诉。案发后,滴滴积极配合警方开展调查,并由专人前往慰问乘客并对驾驶员王某予以封禁处理。

（2）案例二。

2019年1月，乘客翟某使用刀具对滴滴驾驶员实行抢劫，并将驾驶员手臂割伤。经驾驶员劝阻后放弃行凶，投案自首。警方立案侦查，检察院已对该案提起公诉，法院最终判处翟某有期徒刑一年六个月。

案发后，滴滴积极配合警方开展调查，同时启动平台"关怀宝"开展对驾驶员救助帮扶并对乘客翟某永久停止服务。

3.2.2 《醉酒乘车安全透明度报告》数据指标

滴滴平台于2020年第二季度发布《醉酒乘车安全透明度报告》，显示公众评议会邀请网友投票"网约车10大不文明行为"，酒后滋事位居乘客不文明行为第一名。在车内司乘冲突中，19%因醉酒引发。

酒后出行场景复杂，有的乘客吐在车内，有的乘客到达目的地后昏睡不醒，有的产生言语冲突，有的导致肢体冲突、性骚扰、交通事故甚至违法犯罪。

为进一步排查安全隐患，提升安全意识，滴滴主动公布乘客醉酒引发的冲突数据，诚恳接受公众监督和意见反馈。

3.2.2.1 数据详情

2020年2季度，滴滴网约车共收到与乘客醉酒相关的投诉10130件，相当于客服每12分钟受理1起。其中，因乘客醉酒引发的冲突投诉（争吵、打架、互殴等）364件；因乘客醉酒引发的语言骚扰或肢体骚扰投诉（索要微信、言语低俗、肢体触碰等）477件。

（1）肢体冲突投诉发生率同比下降66.4%。

2020年2季度，乘客醉酒引发的肢体冲突投诉364件，占冲突投诉总量17.59%。网约车乘客醉酒肢体冲突分布数据如图3-2所示。

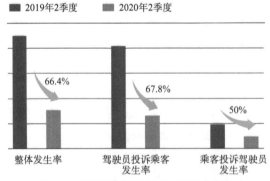

图3-2 网约车乘客醉酒肢体冲突分布情况

因醉酒引发的肢体冲突（轻微伤及以上冲突）投诉中，2020年2季度同比2019年2季度下降了66.4%，"驾驶员投诉乘客"与"乘客投诉驾驶员"的发生率都呈明显减少。其中，驾驶员投诉乘客的发生率下降了67.8%，乘客投诉驾驶员的发生率下降了50%。

（2）女乘客投诉男驾驶员性骚扰同比下降42.9%。

2020年2季度，因乘客醉酒引发的性骚扰投诉477件，占性骚扰投诉总量40.70%。乘客醉酒引发的性骚扰投诉中，绝大部分是言语骚扰投诉，但也有少数肢体骚扰投诉。具体数据分布如图3-3所示。

第3章 网约车行业安全运营指标分析

▼42.9% 女乘客投诉男驾驶员	▲2.1% 女驾驶员投诉男乘客	▼8.9% 男驾驶员投诉男乘客
▲103% 男驾驶员投诉女乘客	▼16.3% 男乘客投诉男驾驶员	▼46.4% 女驾驶员投诉女乘客

图 3-3 2020 年 2 季度滴滴网约车性骚扰发生率分布情况

从乘客醉酒引发的性骚扰投诉发生率来看,2020 年 2 季度女乘客投诉男驾驶员发生率同比下降了 42.9%,男乘客投诉男驾驶员同比下降了 16.3%。

(3) 醉酒性骚扰投诉,男驾驶员投诉男乘客占比最高。

2020 年 2 季度,乘客醉酒引发的性骚扰投诉中,驾驶员投诉乘客占比 97.7%,乘客投诉驾驶员占比 2.3%。如果综合司乘和性别维度来看,男驾驶员投诉男乘客占比最高,达到 36.8%,具体数据分布情况如图 3-4 所示。

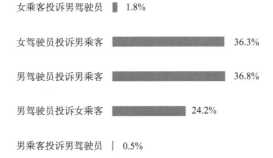

图 3-4 2020 年 2 季度滴滴网约车乘客醉酒性骚扰投诉分布情况

紧接其后的是女驾驶员投诉男乘客,2020 年 2 季度女驾驶员投诉男乘客占比 36.3%,男驾驶员投诉女乘客占比 24.2%。

2020 年 2 季度,因乘客醉酒引发的性骚扰投诉中,女乘客投诉男驾驶员占比 1.8%。此外,男乘客投诉男驾驶员和女驾驶员投诉女乘客占比分别为 0.5% 和 0.4%。

3.2.2.2 典型案例

(1) 醉酒乘客拒绝下车并咬伤驾驶员。

2020 年 4 月某日晚,江苏一醉酒男乘客到达目的地后不肯下车,驾驶员在引导乘客下车过程中遭遇辱骂。双方在争执中,乘客咬伤驾驶员面部,驾驶员报警。平台积极配合警方调证,并派处置小组前往看望驾驶员。根据滴滴平台用户规则,平台已对该乘客永久停止服务。据警方信息,两次协调未果后,警方准备依法追究该乘客法律责任。

(2) 醉酒男乘客借递烟触碰女驾驶员。

2020 年 5 月某日深夜,北京一名女快车驾驶员接到一名醉酒男乘客。上车后,男乘客主动给女驾驶员递烟,女驾驶员以不会抽烟回绝,但乘客在递烟过程中触碰到女驾驶员胸部。订单结束后,女驾驶员向平台投诉,平台核实后根据滴滴平台用户规则,对该男乘客永久停止服务。

(3)男驾驶员触碰醉酒女乘客。

2020年6月某日凌晨,广西一名女乘客投诉驾驶员在下车时触摸其敏感部位。平台通过行程录像核实,驾驶员的确在叫醒昏睡乘客下车的时候,对乘客有触碰动作。根据滴滴平台用户规则,平台已对该驾驶员永久终止服务。

(4)投诉驾驶员性侵女乘客反被暂停服务。

2020年4月某日深夜,一名江苏女乘客进线投诉男驾驶员订单结束后意图性侵,限制其行为,最后女乘客奋力逃脱。平台核实车内视频后发现,驾驶员并未违规,醉酒女乘客行程中一直在车后座睡觉,到达目的地后经驾驶员多次提醒才下车离开。根据滴滴平台用户规则,平台已对该虚假投诉的乘客暂停服务30天。

醉酒乘客乘车的场景下,驾驶员有可能成为"弱势群体",2020年2季度,乘客醉酒引发的女驾驶员投诉男乘客、男驾驶员投诉女乘客同比分别增加了2.1%和103%。

综合以上分析,由于国内外网约车行业在统计具体运营安全指标的口径上有一定差异,导致很难直接开展横向对比分析。但国内网约车每亿单违法犯罪的案件6.3起,公安机关受理治安案每亿单5.8起,公安机关立刑事案件每亿单0.5起。与国外Uber数据相比(道路交通事故死亡率每亿单4.5人,伤害致死每亿单0.77人)以及频发的涉性安全事件相比,有一定优势,但数据毕竟非统一口径难以直接对比。期望我国网约车行业能够有公开的安全事故数据平台,供社会公众了解。

3.3 我国乘客安全感知分析

在政府机构、社会公众及行业团体的关注下,尤其是企业自身安全意识提升,我国网约车行业安全工作已有长足发展。本报告采用问卷调查的方法,对公众在网约车安全感知方面进行调研分析。本次调研针对网约车乘客群体进行统计学研究,包括乘客的年龄、性别、职业分布等基本信息;网约车出行现状和乘客的出行行为现状(使用哪家网约车出行及使用网约车出行频次);乘客对网约车安全措施的态度和满意度等。研究方法为线上自填式问卷,问卷内容见附录Ⅱ,问卷发放时间为2020年8月12日至8月20日,实际回收有效问卷4695份。问卷中安全措施重要度认知、乘客满意度分析见下文,调查对象的基本信息分析见附录Ⅱ。

3.3.1 安全措施重要度认知

从网约车安全措施重要度排名来看(图3-5),驾驶员个人素养和平台App产品的安全功能排前两名,说明驾驶员个人素养和平台App产品的安全功能是网约车乘客选择网约车出行的考虑最多的两个安全因素。

所有网约车乘客均认为网约车驾驶员个人素养是最重要的安全因素。结合年龄综合分析(图3-6)可以发现青年人(18—39周岁)更关注网约车App产品的安全功能,中年人(40周岁以上)则认为网约车企业安全规范生产方面也很重要。

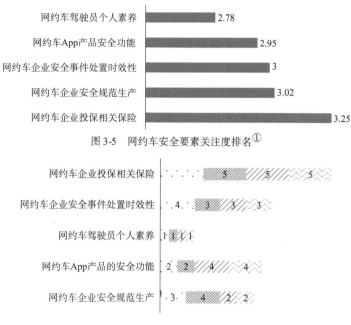

图 3-5　网约车安全要素关注度排名①

图 3-6　网约车安全要素排名与年龄交叉分析图

除了网约车驾驶员个人素养安全措施外,结合公众职业分析(图3-7)可以发现公务员更关注网约车企业安全处置时效性,公司职员、个体经营者和在校学生均认为网约车 App 产品的安全功能更重要。

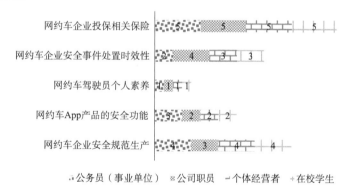

图 3-7　网约车安全要素排名与职业交叉分析图

综合网约车安全要素与使用频率的交叉分析(图 3-8),可以得知不论使用频率高低,网约车驾驶员个人素养均是网约车安全的重要内容;综合排名第二的安全要素是网约车 App 产品功能,凸显出互联网科技所能带来的安全保障提升成为乘客关注的热点。

对乘坐网约车在行程前、行程中、行程后采取的一系列安全措施进行测评(1 表示强烈反对,2 表示反对,3 表示中立,4 表示赞同,5 表示非常赞同),如图 3-9 所示,行程前、行程中

---

① 平均排名越低,网约车安全措施重要度越高。

的平均分均为 4.48,而行程后为 4.44,说明乘客在乘坐网约车时更关注行程前和行程中的安全措施。同时网约车行程前安全措施最高得分为 4.51,乘客认为行程前成立专门安全管理机构、驾驶员安全教育、显示驾驶员和车辆的信息功能和提醒驾驶员防疲劳驾驶功能最重要;行程中最高分为 4.52,乘客认为 110 报警功能最重要;行程后最高分为 4.44,认为平台 App 匿名举报功能最重要。

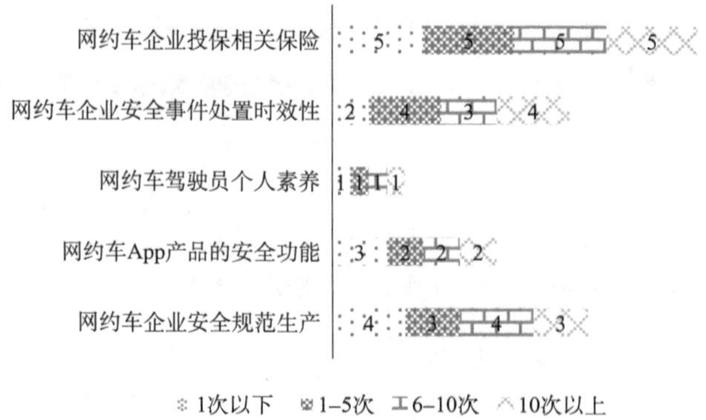

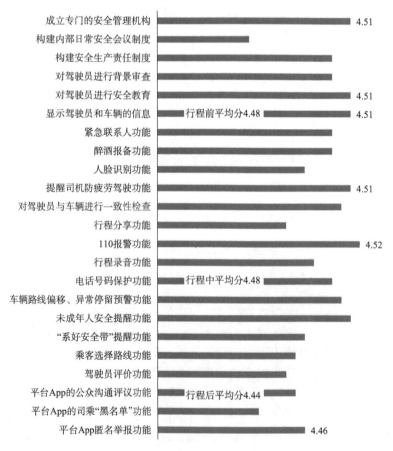

图 3-8 网约车安全要素排名与使用频率交叉分析图

图 3-9 网约车安全措施认可度分析图

在网约车安全措施认可度与乘客性别交叉影响分析中(图 3-10),可以发现男性在网约车安全措施中整体平均分为 4.47,女性则为 4.49 分,同时从不同性别安全措施平均分分布曲线来看,行程前、行程中和行程后的女性平均分均高于男性,说明女性在乘坐网约车过程中更加谨慎,更迫切需要保护其生命财产安全。

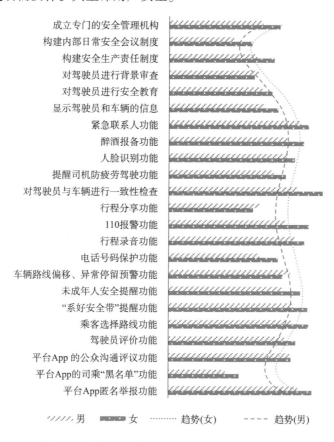

图 3-10 网约车安全措施认可度与用户性别交叉分析图

从使用频数的安全措施平均分分布来看(图 3-11),使用频数越高,同一安全措施的分值越高,且网约车整体安全措施的平均分值也越高,说明使用频数越高的乘客,对网约车平台的安全保护措施更满意。

3.3.2 乘客满意度

调查了受访者对上述网约车乘坐过程中安全措施的感知效果(图 3-12),包括乘客满意度、乘客抱怨和乘客忠诚三个方面,详情见下图所示,乘客总体满意度平均分为 4.38,同时乘客认为对所用平台 App 安全功能满意度分值最高,为 4.41,说明乘客对网约车平台提供的服务比较满意。乘客抱怨的平均分为 4.14,说明乘客对乘坐网约车过程中服务不满意时,会进行反映,同时在 App 在线评价功能上表达自己不满和提出改进意见的分值最高,为 4.29,向驾驶员抱怨得分最低,为 3.99,说明在发生不满意服务时,乘客并不会采取激进措施,而是更倾向于沟通方法解决问题。乘客忠诚的平均分为 4.28 分,低于乘客满意度的平均分,意味着部分乘客虽对服务满意,但不一定为忠诚客户。

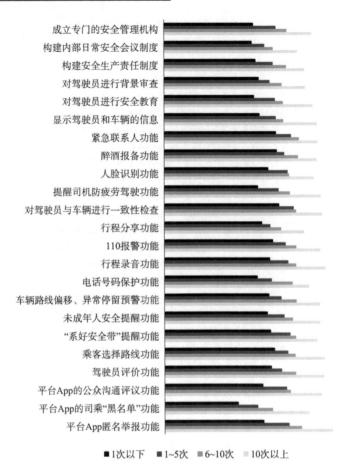

图 3-11 网约车安全措施认可度与用户使用频率交叉分析图

3.3.3 主要结论

乘客对网约车安全总体满意度平均分为 4.38,说明乘客对网约车平台提供的服务安全性比较满意;在发生不满意服务时,乘客并不会采取激进措施,而是更倾向于沟通方法解决问题;乘客忠诚的平均分为 4.28 分,低于乘客满意度的平均分,意味着部分乘客虽对服务满意,但不一定为忠诚客户。

驾驶员个人素养和平台 App 产品的安全功能是乘客最关注的安全因素,其中行程前成立专门安全管理机构、驾驶员安全教育、显示驾驶员及车辆的信息功能和提醒驾驶员防疲劳驾驶功能,行程中 110 报警功能,行程后平台 App 匿名举报功能是乘客最关注的网约车安全措施。

(1) 网约车安全措施重要度 & 年龄:青年人(18~39 周岁)更关注网约车 App 产品的安全功能,中年人(40 周岁以上)则认为网约车企业安全规范生产方面更重要。

(2) 网约车安全措施重要度 & 职业:公务员更关注网约车企业安全处置时效性,公司职员、个体经营者和在校学生均认为网约车 App 产品的安全功能更重要。

(3) 网约车安全措施重要度 & 使用频率:网约车乘客每月使用频率越高,乘客更关注网约车 App 产品的安全功能。

(4)安全措施平均分 & 性别:女性在乘坐网约车过程中更加谨慎,更迫切需要保护其生命财产安全。男性在网约车安全措施中整体平均分为4.47,低于女性4.49分。

(5)安全措施平均分 & 使用频率:使用频率越高的乘客,对网约车平台的安全保护措施更满意。

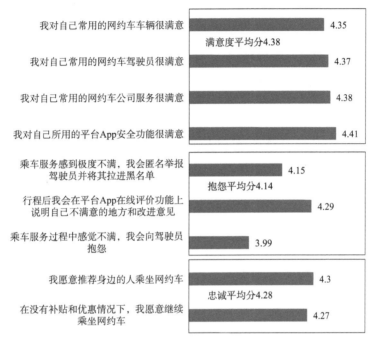

图3-12　网约车安全顾客忠诚度得分图

第4章 网约车行业安全运营影响要素提取

本部分内容通过对驾驶员、乘客的问卷调查以及对驾驶员、乘客、政府人员、平台员工的访谈,利用扎根理论研究方法,对网约车平台公司安全运营影响因素进行分析,构建网约车平台公司安全运营影响因素的理论模型,并对不同运营模式的平台所应承担的安全责任给出具体的解析方案。

4.1 质性研究方法介绍

质性研究方法以研究者本人作为研究工具,通过多种途径进行资料收集,对社会现象进行整体分析的研究。质性研究者凭借对理论的敏感性、逻辑的思考以及研究过程中研究者的感受和经验,对所收集的资料进行反复不断地归纳和提炼,深入挖掘资料背后反映的情况,从而得出研究结论。虽然质性研究相比传统的数学模型、理论方法更为主观,但研究者的受教育背景、经历、学习方法等方面不一样,其质性研究更贴近现实。质性研究方法涵盖了多种方法,包括但不限于访谈法、叙事研究法、扎根理论法、观察法、个案研究法、参与观察法等,相当于多元的方法集合体。

网约车平台公司安全运营本身是一项整体性的系统工程,并非单一数学模型能够描述,且涉及较多非量化影响因素的参与,由此本文选用质性研究开展整体分析,应用扎根理论对网约车平台公司安全运营影响因素进行研究。乘客、驾驶员和平台公司员工最能直接感受平台公司的安全运营状态及潜在风险,通过访谈、问卷等方式,可以获得较为详细、全面的数据。基于扎根理论的实际资料分析得出的结论有较强的合理性和科学性。另一方面,扎根理论的螺旋式分析过程,舍弃了传统依靠假设—演绎的研究理论,完全基于大量的一手调查资料和实际数据,弥补了传统方法的不足,通过归纳总结建立完善的理论体系。

4.1.1 扎根理论的基本概念

扎根理论是一种强调研究过程和理论生成的质性研究方法,该方法根植于系统的数据收集和分析,通过归集编码、挖掘概念,寻找概念之间的联系,并提炼范畴,建构相关理论,反映事物现象的本质。让研究者可以通过系统的分析方法对丰富的资料进行全面分析,提炼出更有说服力和解释力的理论。社会学家格拉泽(Barney Glaser)等早在1967年便提出了扎根理论的质性分析方法,该理论的前提是必须基于实践中所收集和分析的资料中,提倡在数据和经验资料中发展理论。随后,在施特劳斯(Anselm Strauss)等人的不懈努力下,扎根理论在补充与完善中形成了完备的理论体系,之后该理论被运用到各个领域,成为质性研究过程中必不可少的方法。

4.1.2 扎根理论的过程

扎根理论并非一种获取资料的方法,而是对资料及数据进行深入分析和整理的方法。根据收集到的数据和资料通过自下而上层层筛选和凝练,最后归纳出一整套完整的理论。研究者在理论生成前不做任何假设,通过收集资料,实际观察,挖掘概念,然后通过寻找概念之间的联系来构建相关的理论。扎根理论方法的核心是对访谈资料逐级编码的分析过程,需要对编码不断的反复和调整。该方法主要分为四个阶段:开放性编码、主轴编码、选择性编码以及饱和度检验,如图4-1所示。

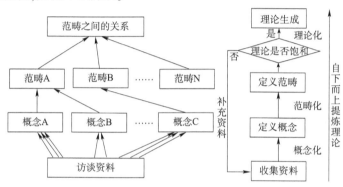

图4-1 扎根理论的形成过程

(1)开放性编码。

开放性编码是对访谈数据概念化,目的是合并相似概念、除掉无意义数据,把访谈数据重新分类并定义新的概念。概念化工作结束之后,将属于同一现象的概念进行归类,形成最基本的范畴。由于资料在编码前相对散乱,需要对资料中重要的相关信息进行分类与归纳。通过这种方式得到新的编码,相比原始的资料,开放性编码得到的概念更为抽象。该阶段对概念的命名通常有三种方式:沿用公认或已存在的学术语言;根据个人经验与资料基础,由研究者自行创建;研究者从受访者的访谈记录中截取字词作为编码。由于前者缺乏弹性,相对严谨,未必与研究者想表达的概念一致,研究者通常采用后两种方式。

(2)主轴编码。

主轴编码,又称轴心编码,是扎根理论编码的第二阶段,主要任务是寻找主范畴和副范畴,并建立相互之间的联系。具体步骤分为:检查概念与现象之间的联系,思考概念之间可能存在的假设关系;通过访谈资料验证是否支持上一步的假设关系;持续不断地寻找主范畴和副范畴的性质,并确认向上一层的维度定位。

(3)选择性编码。

选择性编码,又称为核心编码,也是扎根理论最后一级编码。该层编码需要在一个更高的抽象水平上,对主轴编码所得到的结果进行进一步的凝练,寻找主范畴中的核心要素,形成范畴,并通过反复对比范畴之间的联系,排除重复与不相关的要素,验证范畴与范畴之间的关系,从而形成的理论模型。选择性编码是扎根理论步骤中最抽象的一步,要能反映出访谈资料所能呈现的全部现象。

(4)理论饱和度检验。

当收集的资料无法再提出新的概念或范畴,通常认为理论饱和,即编码工作结束。检验饱和度一般随机抽取 2/3 的访谈者资料进行编码分析,另外 1/3 的访谈者用于饱和度检验。此外,为了避免个人主观意识对理论的影响,通常在编码过程中征求专家或编码小组的意见。

4.2 安全运营影响资料收集

为了避免安全运营事故的发生导致的后续责任纠纷和其他问题,设计了访谈和问卷内容,深度挖掘各方的想法和意见,为探究网约车平台公司安全运营的影响因素做好资料收集。访谈与问卷对象涉及网约车的利益各方,包括政府工作人员、平台公司员工、网约车驾驶员和乘客。

各方均不希望有安全事故发生,但从追求自身利益的角度,往往对安全运营管理态度不同:政府从最大限度保证安全的角度出发往往带有不考虑经济效益的严格管理倾向;平台公司从最大限度发展驾驶员和乘客的角度出发有钻法律空子、逃避责任的倾向;驾驶员与乘客作为直接参与者能够基于自身感受有客观建议,但并不参与整体运营管理。因此,邀请访谈的对象均为直接或间接对平台公司安全运营有了解的人员,政府工作人员所在部门包括交通委、信息安全中心、道路运输管理局等,平台员工所在部门包括业务部门、法务部门、安全部门等,访谈人员基本情况见下表。

研究共开展了 74 名人员的调研工作(表4-1),相对于当前大量的就业驾驶员及网约车使用用户,本研究调查的样本数量有限,无法达到通过专业调查机构或平台公司发布的样本量,但本章对调查结果既有定性的解读,也有定量的分析,并对每位驾驶员和乘客的调查内容进行精细刻画,也在理论饱和度上进行了检验,一定程度上弥补样本量不足的问题。

访谈人员基本属性　　　　　　　　表 4-1

访谈人员信息	基 本 属 性	人数(人)	比例(%)
性别	男	42	56.8
	女	32	43.2
访谈对象分类	政府工作人员	20	27.0
	平台公司员工	14	18.9
	网约车驾驶员	16	21.6
	乘客	24	32.4
年龄	25-30	24	32.4
	31-40	32	43.2%
	>41	18	24.3%
工作年限(年)	<5	18	24.3%
	5-10	34	45.9%
	>10	22	29.7%

4.2.1 政府工作人员访谈

政府最关心问题是网约车安全问题所带来的社会影响,更关注平台公司所做安全措施的结果,从而客观反映平台公司的安全运营情况,为此对相关人员进行深入的访谈,掌握政府关心的重点方面,从如何完善安全运营管理体系、安全责任划分等问题上,进行了深入的探讨。

为此对政府工作人员,设计了针对性的访谈内容,以下面问题为基础,在访谈过程中根据被访谈者的思路进行适当展开:

(1)政府对平台公司的安全运营态度是怎样的?当前的安全问题情况如何;
(2)政府所采取的监管措施是否有效保障驾驶员与乘客安全;
(3)政府对当前聚合平台的运营服务和安全的看法;
(4)当前政府对平台公司是如何进行安全管控的;
(5)政府最关心的安全方面有哪些,具体原因是什么;
(6)政府应该承担的安全责任有哪些;
(7)各城市驾驶员和车辆准入门槛差异大,政府是如何进行统一监管;
(8)政府通过什么方式或手段来衡量平台公司的安全运营水平;
(9)发生安全事件后,政府从哪些方面进行管控,如何落实;
(10)如果发生安全事件,政府是如何协作解决的。

从访谈总体情况看,政府工作人员一方面认为当前的法律法规与网约车的发展不相匹配,法律法规的要求并没有走到网约车发展的前面,也导致平台的信息机制不够透明,虽然有相关文件进行要求,但法律层级低;另一方面是平台公司管理模式较为粗放,平台安全责任承担不明确,网约车具有平台属性,与巡游出租车承担的责任是否有差异还需要进一步讨论。因此,政府工作人员建议平台公司应该不断地深入研究多方需求,争取更多协同力量;应将安全作为平台公司战略目标的核心,从业务顶层设计到落地流程的梳理,从产品和系统的设计,再到客服体系完善等,将安全运营理念融入每个环节,全面提高安全运营保障能力;积极配合主管部门推进审查工作,建立专业团队加快合规进程,完善与政府的交流机制,实施安全应急演练,重建政府和公众对于安全体验的信心;把握好驾驶员的准入关,落实严入宽出的驾驶员与车辆审查机制,不仅要择优准入,更要有准出的淘汰机制,把防御举措做到前面,最大程度降低安全隐患。

4.2.2 公司员工访谈

网约车安全事件往往会引起强烈的社会舆论,平台公司的责任或过失会被无限放大,导致平台在安全运营管理方面举步维艰。平台公司在运营过程中承担多项责任,而社会责任仅是其中之一。平台公司希望让社会看到平台在安全运营过程中的做法和努力,而不是将舆论和矛头指向事件本身。为此对平台公司员工,设计了针对性的访谈内容,以下面问题为基础,在访谈过程中根据访谈者的思路进行适当展开:

(1)平台公司采取了哪些安全管理的方法和措施,实施效果如何;
(2)平台公司运营过程中所承担的责任有哪些,如何落实的;
(3)各地准入政策的差异,对平台公司各地的影响有哪些以及原因;
(4)平台公司认为当前安全运营管理的重点内容有哪些以及原因;
(5)安全管理的哪些方面需要政府提供更多的帮助以及原因;
(6)平台公司对哪些运营管理方面有所欠缺,驾驶员与车辆的准入又如何完善;

(7) 是否完全按照相关管理办法的规定进行审查,尚未做到的原因有哪些;
(8) 当前平台在运营过程中遇到的困难有哪些,又是如何应对的;
(9) 采取什么样的方式和手段评判平台公司安全运营的水平;
(10) 如果以聚合平台接单发生事故后,平台公司是如何处理和解决的。

从总体访谈情况看,平台公司作为服务运输的主导者,承担的安全责任履行情况,直接影响司乘安全和社会稳定。平台公司不能只追求更大的公司规模和利润,更要对平台自身所承担的责任有所担当。女性乘客安全是当前平台公司更为关注的话题,如何提升该群体的出行保障,需要平台员工提供相应的技术支持或采取有效的手段。此外,平台员工认为公司应优化更完善、高效的安全组织架构,对安全运营风险进行管控,有效落实运营安全责任,调整公司战略目标,向安全、合规的方向转移;完善安全管理人员、公司员工和驾驶员的安全培训,强化并规范安全培训工作,落实各方培训制度,提高各方安全意识;升级产品安全功能,增强场景还原能力,保障出行安全;升级客服体系,提高投诉响应能力,及时发现风险点;推进合规和隐患管控,落实政府规定和公司制度。再次,各地的管理办法准入门槛差异大,导致平台公司在各地的实际运营情况有所差异,这也造成不同地方的安全成本差异大,而平台获利的根本是想通过较低的安全成本获取较大的运营收益,而降低安全成本的支出是最直接的途径,平台公司更希望在准入政策的大方向有所统一,而不是各地条件迥异,加大运营管理难度。

4.2.3 网约车驾驶员访谈调查

网约车驾驶员具有自发性、群体性的基本特点。作为运输服务的提供者,驾驶员是主要利益获得者,是保障运营安全的根本,因此要切实考虑网约车驾驶员的实际需求。为此对驾驶员设计了有针对性的访谈内容,以下面问题为基础,在访谈过程中根据驾驶员的思路进行适当展开:
(1) 您是否清楚平台公司为您提供的安全保障有哪些(保险、责任等);
(2) 在运营过程中,您认为有哪些安全方面需要完善;
(3) 您知道当前的网约车政策吗?政策具体情况是否清楚;
(4) 您是否具有人证和车证,办理/不办理的理由是什么;
(5) 当前驾驶员和车辆的准入条件是否合理,原因是什么;
(6) 您认为平台公司对驾驶员的安全保障是否到位,还有哪些可以改进的地方;
(7) 您对网约车政府管理现状有什么问题及建议;
(8) 您对网约车平台公司管理现状有什么问题及建议;
(9) 当前平台公司展开的安全教育培训情况如何,是否有效;
(10) 您是否通过聚合平台约过车?您认为当前的聚合平台有哪些问题。

从总体访谈情况看,83.1%的驾驶员会在运输服务过程中浏览或接打手机,这种行为的出现无疑会给驾驶员的驾驶员安全和乘客的乘车安全造成较大的安全隐患。此外,驾驶员普遍认为平台公司应借助第三方制订司乘公约,减少因司乘双方认识分歧而导致的不安全因素;持续优化接单模式和产品,提高驾驶员接单效率和产品安全性,降低司乘车内冲突,排除安全隐患;提高客服效能,切实解决司乘的实际问题,针对司乘矛盾类的投诉设置意见反馈通道;建立线下的一站式服务中心,对驾驶员的安全和服务进行面对面审核管理。

4.2.4 乘客访谈调查

乘客是网约车运营的消费者和使用者,网约车的安全水平直接影响消费者的出行安排,切实考虑乘客的实际需求是保障运营安全的核心。他们对政府和平台公司所采取的运营管理措施感受最为深切、也最有发言权。为此对乘客设计了有针对性的访谈内容,以下面问题为基础,在访谈过程中根据乘客的思路进行适当展开:

(1)您对之前发生过的网约车安全事故有哪些看法;
(2)您认为当前车辆和驾驶员的门槛设置是否合理,应该更加严格还是适当放开;
(3)您认为当前的 App 安全功能是否完善?功能使用是否清楚;
(4)您遇到的网约车驾驶员素质如何?您是否投诉过?解决结果如何;
(5)您知道当发生危险后,平台有哪些责任和义务来保障您的安全吗;
(6)您乘坐的车辆乘坐感受如何?是否发现过什么安全隐患;
(7)您认为政府应该从哪些方面和内容对网约车进行安全运营管理;
(8)您认为平台公司应该从哪些方面和内容对网约车进行安全运营管理;
(9)您是否使用过聚合平台进行打车,遇到过哪些问题;
(10)您认为当前网约车运营现状有什么问题?您有什么建议。

从总体访谈情况看,大部分乘客对网约车还是持支持态度的,但仍希望在安全方面有所改进,尤其是女性乘客较男性乘客更注重出行的安全,安全保护意识强于男性,这与之前的安全事件频发,引发的社会舆论密不可分。只有极少数的乘客不会采取任何防范措施,大部分乘客都有自我保护的行为,包括行程分享、添加紧急联系人等。此外,乘客主要关注平台安全功能、客服投诉处理、驾驶员个人素质等方面,App 安全功能仍需进一步优化,乘客并未完全掌握功能的使用方式,应提供使用教学,避免错误操作;客服投诉响应慢,不能及时解决乘客的投诉诉求,应对投诉制度进行优化,制订客服投诉分级制度,加强客服部门与业务、产品团队的联动;驾驶员素质参差不齐,没有制订和执行严格的准入措施,应完善特殊场景(偏远地区、醉酒区等)和特殊人群的安全方案。网约车虽然满足了人们对于个性化出行需求和高质量乘车服务的追求,但是运营过程中的安全问题频发,严重威胁着乘客的生命财产安全,影响了社会治安秩序的稳定。

4.3 安全运营影响因素编码过程分析

为了方便后期编码分析处理等操作,所收集的访谈资料均通过后期整理为文本资料。由于文本资料近 10 万字,采用传统的人工编码过程费时费力,效率也极为低下,而 78% 的研究者选择使用程序化扎根理论方法进行资料编码。因此,为了提高编码效率,节约编码时间,本节采取程序化扎根理论的方法,利用 Nvivo 软件对访谈得到的文本资料进行编码。Nvivo 是一款专门用于质性研究方法的软件,能够有效分析文字类型的数据,帮助研究者利用定性分析技术解读数据。在程序化扎根理论的编码过程中,首先是通过开放式编码对概念及范畴进行初步的定义,然后是通过主轴式编码进行二度审视及筛选,最后在选择式编码的归纳汇总下构建出理论模型。

4.3.1 开放性编码

对收集的全部访谈资料进行编码,从中提炼关键语句,剔除冗余重复的文本内容,将主题和概念从资料内部浮现出来。开放式编码在处理时需要保持原始资料的真实性,提炼语句中的关键内容,保持开放、包容的态度逐句、逐条进行编码,尽可能全地罗列访谈者的观点。通过对原始语句进行拆分,分析其表达意思,并将表达意思相同或者相近的语句进行分类归纳,概括本质内容,将原始语句进行概念化,直至无新概念出现为止。对开放式编码内容反复进行多次整理和分析,对其进行不断的提炼和筛选,最终得到173个高频次出现概念。之后将概念进行范畴化分析,将同类的概念整合归类,更深层次的浓缩。全部概念被整合为38个范畴,部分编码见表4-2,全部编码见附录Ⅲ。

开放式编码形成的概念、范畴(部分)　　表4-2

访谈记录	开放性编码	
	概念化	范畴化
与出租车一样,网约车企业主要责任是承运人责任	承担承运人责任与义务	安全生产责任
企业也应采取相关措施做好驾驶员的安全保障	承担驾驶员权益保护责任	
对于乘客伤亡事件,企业应承担相应责任	承担乘客伤亡的损害赔偿责任	
平台应为车主购买承运人责任险或者车主主动购买	平台/车主主动购买承运人责任险	购置保险责任
平台或者车主购买第三者责任险	平台/车主购买第三者责任险	
驾驶员收入严格遵守定价标准	建立收入透明稳定的公平收入机制	
企业加强对客服资源的投入	加大客服资源投入	线上安全管理机构
为保证公司各项安全工作的稳定运营,设立应急响应部门和团队,负责对安全事件进行处理	成立应急响应机构	
为确保时效性,企业应单独成立安全投诉客服专组	成立安全投诉客服专组	
为保证公司各项安全工作的稳定运营,设立监察专门部门和团队,负责对安全管理的监察	成立安全监察专门部门和团队,统筹管理安全监察工作	线下安全管理机构
成立专门的安全应急处理小组对突发事件进行处理,提高突发事件应急响应能力	成立安全应急小组,处理应急突发事件	
明确员工考核方式、考核频率、考核内容等,确保员工真正地掌握相关安全知识	完善安全培训后的考核	员工安全培训
企业重视对客服人员的服务培训工作,从而提升客服的安全响应能力	加强客服全员安全服务培训,提升专员安全响应能力	
对人员审查在运营过程中会再次审查	运营中动态审查	车辆动态风险排查
对车辆资质动态核查实行动态分单干预	车辆动态分单干预	
公司也会在车辆运营过程中进行保护提醒	动态行程保护提醒	
建立一车一档,记录车辆相关情况	建立车辆技术档案	车辆档案管理
明确车辆档案的保存时间为不少于36个月	明确档案保存时间	
……	……	……

4.3.2 主轴编码

为了进一步获得更具抽象化的编码,对开放式编码得到的概念和范畴进行反复审查,寻找范畴及概念之间的关系,合并相似范畴,对网约车平台公司安全运营过程进行全面的分析和总结,从 38 个范畴中提炼出 13 个主轴编码,包括安全运营责任、安全管理制度、车辆审核管控、驾驶员运营风险管控等,部分编码内容如图 4-2 所示。

节点名称	文件	参考点	节点名称	文件	参考点
安全运营责任	1	40	公共安全管理	1	51
安全生产责任	1	6	客服投诉处置	1	16
购置保险责任	1	3	社会秩序维护	1	6
聚合平台保障责任	1	6	政企安全联运	1	12
综合治理主体责任	1	6	车辆运营风险管控	1	33
社会稳定责任	1	4	车辆动态风险排查	1	14
			车内安全保障	1	8
安全管理制度	1	56	车辆审核管控	1	28
安全生产管理制度	1	8	车辆档案管理	1	6
参与主体管理制度	1	10	车辆资质动态核查	1	4
公共安全监管制度	1	10	车辆准入管理	1	5
信息安全管理制度	1	5	车辆清退管控	1	24
安全管理机构	1	63	车辆报废条件	1	6
线上安全管理机构	1	18	车辆退出条件	1	10
线下安全管理机构	1	9	驾驶员审核管控	1	54
安全教育培训	1	42			

图 4-2 主轴编码内容

4.3.3 选择性编码

在经历了开放式编码和主轴编码的基础上,系统分析了概念与范畴之间的关系,经过不断的归纳、抽象、提炼、整合编码,最终将安全运营影响因素的重点聚焦于平台内部安全运营管理、驾驶员安全管理和车辆安全管理这 3 个核心属性,最后得到网约车平台公司安全运营管理因素编码树状节点如图 4-3 所示。其中平台内部安全管理因素的比例占模型整体的63.2%,车辆安全管理因素占 17.5%,驾驶员安全管理因素占 19.3%。

图 4-3 核心编码结果

4.3.4 饱和度检验

为了保证提炼理论的科学性和全面性,确保编码过程中资料未出现遗漏,在不获取额外数据基础上,预留了5位访谈者的资料进行理论的饱和度检验。预留的访谈资料中尚未发现新的概念和范畴关系,故停止访谈资料收集,认定构建的网约车平台公司安全运营影响因素理论模型理论上饱和。

4.4 安全运营影响因素编码结果分析

从网约车平台公司安全运营影响因素模型中,可以看出平台内部安全管理、驾驶员安全管理和车辆安全管理是影响平台公司安全运营的3大方面,共由13个部分构成,如图4-4所示。

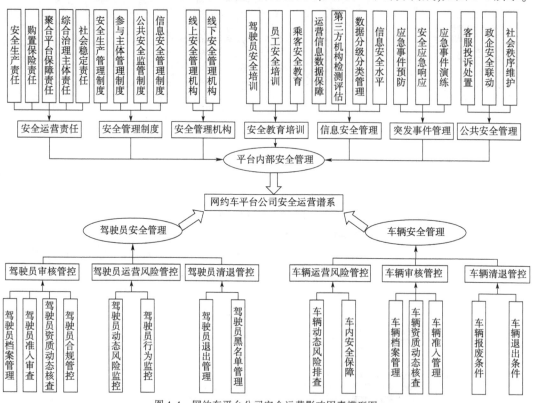

图 4-4 网约车平台公司安全运营影响因素模型图

平台内部安全管理是安全运营的重要保证,是网约车服务能够正常运营的根本。安全运营责任是平台作为承运人应该承担的责任,是保障驾驶员和乘客安全的前提;安全管理制度是实现平台目标的有力措施和手段,一套科学完整的平台管理制度可以保证平台的正常运转;安全管理机构是为确保平台正常运行成立的决策机构和执行机构,更进一步落实平台的运营任务;安全教育培训是对平台全部人员的学习培训,是员工上岗前和上岗后加强安全意识的主要方式;信息安全管理是网约车形式的特点,由于乘客约车、平台派单、驾驶员接单的全过程均发生在线上,产生大量的信息数据,因此保护乘客、驾驶员的个人信息,便是信息安全管理的主要任务;突发事件管理是对运营过程中所存在的应急事件进行预防、响应、演练,以便在发生突发事件后可以迅速采取行动;公共安全管理是为了保护运营安全和驾驶员、乘客的人身、财产安全所采取的行动,以便在运营事故发生后平台可以快速响应。

驾驶员是保障运营安全最重要的能动因素。平台对驾驶员具有绝对控制权,能决定什么样的驾驶员可以在平台运营,因此对驾驶员的准入审核非常重要,平台不仅要保证有足够的驾驶员可以满足打车需求,还要保证所提供的驾驶员合法合规、心理健康。从驾驶员准入审核入手,筛选掉不符合准入规定的驾驶员;驾驶员运营风险管控是对运营过程中驾驶员的行为进行动态监控,可有效甄别具有潜在危险驾驶行为的驾驶员;驾驶员清退管控是对驾驶员的不良行为进行管控,对行为恶劣的及时采取封禁账户,屡教不改的采取清退措施,保证驾驶员整体素质。对驾驶员安全管理的目标是从根源上降低驾驶员对乘客的骚扰等问题,确保乘客乘车安全。

车辆是安全运营的基础、交通运输的载体。车辆审核管控是对营运车辆的技术要求,并非所有的车辆均符合运营要求,车辆审核有助于规范营运车辆市场,统一车辆安全标准;车辆运营风险管控是为监测运营过程中车辆出现长时停靠、路线偏移等问题而采取的手段,从技术上降低安全事件的发生;车辆清退管控是为保持车辆的安全性能和车辆稳定性,对满足清退和报废标准的车辆进行处理,净化乘车环境。

平台内部—驾驶员—车辆3个方面、13个部分的安全管理相辅相成,任何一方管理不善,都有可能引发运营事故,所以三者的安全管理需同步进行,相互监管:平台内部安全管理利用相关制度、通过安全管理机构的人员对车辆和驾驶员安全管理进行检查;驾驶员和车辆安全管理可验证相关制度的合理性,完善平台内部管理。

> **专题五　网约车安全运营团体标准**
>
> 2020年7月2日,中国交通运输协会举办一场云发布会,宣布我国首部网约车行业安全团体标准《网络预约出租汽车平台公司安全运营自律规范》正式发布,并于8月1日开始实施。该标准是新型模式安全探索的阶段性沉淀,对网约车安全管理标准化和规范化进程的推进起到重要作用。
>
> 标准从事前-事中-事后全面对平台公司的安全运营管理进行规范化与标准化,规定了网约车平台公司安全运营的总体要求、安全保障、安全功能与设备、驾驶员和车辆安全管理、安全运营管理、网络与信息安全管理、安全事件投诉处理和应急处置、隐患治理与风险管控、安全绩效管理以及平台公司安全运营达标评价等具体要求。该标准有助于平台公司通过技术改进和加强安全管理,帮助解决平台公司如何抓安全管理、安全管理如何落地等现实问题,提升行业安全水平和服务质量。
>
>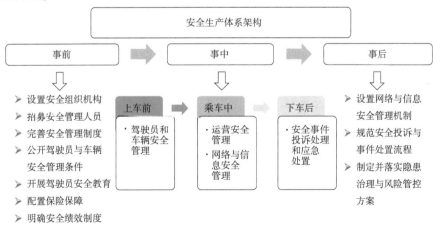

4.5 基于安全运营影响因素下的平台责任分析

在资料收集和调研的过程中,各方关注最多的是平台公司的责任归属与责任认定问题,平台公司逃避、推脱责任等现象,是造成运营事故频发的诱因。作为运输服务的主体,平台只有主动承担更多的责任,才能保障司乘安全,并维护自身的利益。但目前尚无法律对平台公司的安全运营责任进行约束,也无相关地方性法规、规章等,对其安全责任进行明确。交通运输部仅在《暂行办法》中提到"网约车平台公司承担承运人责任",但对承运人责任的具体内容并没有展开,安全责任的内容规定的过于原则化。为了进一步明确不同平台模式在运营过程中应该承担的责任,在对各方访谈基础上,通过梳理网约车平台公司所涉及到的法律法规、指导意见、暂行办法等文件,以法条解读的形式,分析平台在运营过程中所应承担的安全责任及具体原因。

基于网约车在功能上与巡游出租车的同一性和利用网络进行预约的电子商务平台属性,在网约车平台公司安全责任认定时,网约车平台公司不仅应承担承运人责任,同时还应承担平台型企业所需要承担的责任和义务。

4.5.1 资质审查责任

《中华人民共和国电子商务法》(以下简称"电子商务法")第38条中规定:电子商务平台经营者应对平台内经营者的资质资格进行审核,未对消费者尽到安全保障义务,造成消费者损害的,应依法承担责任。

《网络安全法》第24条规定:网络运营者应要求用户提供真实身份信息,不得向未提供真实身份信息的用户提供相关服务。也就是说平台公司不是单纯的提供运输服务,而是兼具网络服务提供者与网络安全管理者的双重身份。

《网络预约出租汽车运营服务规范》(以下简称"《网约车服务规范》")规定了平台公司对驾驶员和车辆的运营资质审查的要求,并以驾驶员相符率和车辆相符率作为服务评价指标,其目的是对车辆和驾驶员进行全部的资质审查。《暂行办法》第2条、第28条规定:平台要使用符合条件的驾驶员和车辆进行服务,不得向未取得合法资质的驾驶员和车辆提供信息,并给出了详细的准入与退出规则。

根据以上条文的规定,平台公司不仅要对驾驶员和车辆的准入进行资格审查,把好入门关,做好背景审核,还应该定期对驾驶员的服务质量进行评价和审查,及时清退和处理不合规驾驶员。综上所述,平台公司应承担资质审查责任。

4.5.2 购买三方安全保险责任

在交通运输行业中,保险是分散各方风险的有效途径。《道路运输条例》第35条规定承运人应当为乘客购买承运人责任险。《国务院办公厅关于促进平台经济规范健康发展的指导意见》中鼓励平台通过购买保险产品分散风险,保障各方权益。

《暂行办法》第23条规定:平台公司应当依法纳税,为乘客购买承运人责任险等相关保险,充分保障乘客权益。《网约车服务规范》中设置营运车辆保险购买合格率,作为公司考评指标。

《北京市网络预约出租汽车经营服务管理实施细则》第 20 条、第 21 条规定:平台公司应承担驾驶员权益保护责任,并为驾驶员购买人身意外伤害保险;运营车辆按照营运客车类保险费率,投保交强险。

这些法律明文规定的投保责任是平台公司作为承运人必须履行的。平台公司每天承担几千万驾驶员和乘客的风险,即使平台公司财力雄厚也无法完全独自承担。通过保险可以降低平台经济损失,保障平台利益,减轻政府负担,因此平台公司应承担购买三方安全保险的责任。

4.5.3 投诉响应责任

若安全负责人由于各种原因,对运营事故没能处理或者处理不及时,常常导致事故发生。《安全生产法》第 43 条强调在安全管理工作实践中,安全生产管理人员在检查中发现重大事故隐患,应及时向有关负责人报告。这一现象与网约车平台公司中客服投诉响应类似,司乘投诉由于各种原因不能及时处理,从而酿成运营事故的发生。在客户服务过程中,应遵循本法条,减少安全隐患。

《电子商务法》第 59 条规定:平台经营者应当建立便捷、有效的投诉、举报机制,公开投诉、举报方式等信息,及时受理并处理投诉、举报。而《网约车服务规范》在投诉处理部分的要求中,以投诉处理率和有效投诉率作为评价指标,明确了投诉处理时限,规定接到乘客或驾驶员举报或投诉后,平台公司应在 24 小时内处理,5 日内处理完毕,并将处理结果告知投诉方。

根据以上对客服服务、投诉时效的规定,平台公司应承担投诉响应责任,及时处理司乘安全投诉,防止安全事故的发生。

4.5.4 信息安全保障责任

《网络安全法》第 9 条、第 10 条、第 21 条规定:网络运营者开展经营和服务活动时,要履行网络安全保护义务,落实网络安全保护责任,并承担维护网络数据的完整性、保密性和可用性的责任。

《消费者权益保护法》第 29 条规定:平台公司应当采取技术措施和其他必要措施,确保信息安全,防止消费者个人信息泄露、丢失。

《网约车服务规范》在信息安全部分,规定了对信息安全保护的要求,防止驾驶员、约车人和乘客等个人信息泄露、损毁、丢失。《网络预约出租汽车监管信息交互平台运行管理办法》第 20 条专门强调应加强系统网络安全管理,防止信息数据发生泄露、损毁或丢失。《暂行办法》第 24 条规定:平台公司应加强安全管理,落实运营、网络等安全防范措施,严格数据安全保护和管理。也就是说在运营过程中获得的驾驶员与乘客的信息不得泄露或不当利用。平台公司一旦违反,根据违反的程度,需要承担相应的民事、行政甚至刑事责任。

从国家法律到行业规范,均明确了对个人网络信息保护的具体内容,因此平台公司应承担信息安全保障的责任,提供正确的运输服务信息,保证司乘个人信息不泄露。

4.5.5 维护公共安全责任

2016 年第 671 号令《国务院关于修改〈国务院对确需保留的行政审批项目设定行政许

可的决定〉》,将网约车服务列为行政许可项目,是因为包括网约车在内的出租汽车经营服务,是直接涉及公共安全以及直接关系人身安全、生命财产安全等的特定活动,需要按照法定条件予以批准。

在对网约车平台公司进行安全整改要求中,交通运输部重点强调平台公司对公共安全的影响。而在《关于进一步加强网络预约出租汽车和私人小客车合乘安全管理的紧急通知》中,也明确要求网约车平台公司要落实企业安全生产管理和维护行业稳定的主体责任。

网约车作为公共交通服务的一部分,必须将公共安全放到首位,其次再谈体验感与便捷性。互联网企业具有很强的社会性与公共性,平台规模越大,对平台的中立性、公平性、道德性的要求越高。平台公司在发展壮大之后,应将必要的社会责任扛在肩上,考虑乘客的感受与体验和驾驶员的客观需要。为避免网络恶性事件和群体事件等公共安全事件的发生,平台公司有维护公共安全的责任,稳定社会舆论。

4.5.6 侵权赔偿保障责任

《合同法》第302条、311条规定承运人应当对运输过程中旅客的伤亡承担损害赔偿责任,对运输过程中货物(人或物)的损毁、灭失承担损害赔偿责任。

《网约车服务规范》在总则中规定,服务过程中发生的安全事故,应由平台公司承担先行赔付责任,不应以任何形式向乘客及驾驶员转移运输服务风险。

《消费者权益保护法》第18条、49条中规定平台经营者应为乘客提供安全的运输服务,保障乘客的人身及财产安全。若在服务过程中造成乘客人身伤害或财产损失,应根据损失情况,主动承担医疗费、护理费、交通费等费用。

《侵权责任法》第34条规定驾驶员因执行运输服务致人损害,构成侵权的,应由平台公司承担无过错的责任,驾驶员并非侵权赔偿责任的主体。即使驾驶员对事故的发生具有故意或者重大过失的行为,也不对外承担连带责任,但平台可在事后对驾驶员进行追偿。

也就是说乘客在运输过程中的合法权益受损时,可向平台公司索取损失的赔偿,但平台公司要承担一切损失所产生的费用和结果。因为承运人即使在没有过错的情况下,也应当承担损害赔偿责任。主要有以下3点原因:(1)在整个运输活动中,乘客所受到的大多数损害,通常都与承运人的运输行为有关,不是因为承运人不作为所造成的,就是因为由承运人未尽管理职责而间接造成的;(2)运输服务的底线要求是强调对乘客人身生命的保护,承担损害赔偿责任可以有效保护乘客,促使承运人采取各种措施以保护乘客的安全;(3)在现代运输业中,运输活动的公用性和独占特点以及国家的全面干预,要求承运人承担损害赔偿责任。同时由于运输保险业的发展,运输风险大为分散,也为承运人承担损害赔偿责任奠定了基础。因此,平台公司应承担侵权赔偿保障责任。

第5章 网约车行业安全运营评价探索

为进一步推进网约车平台安全运营,本报告对网约车平台安全运营评价方法进行探索。本章内容首先阐述评价指标体系的构建原则,通过搭建指标的层次结构,选取初始指标;其次,采用德尔菲法进行评价指标筛选,确定最终评价指标体系,并对评价指标的含义进行了详细的解释,再基于层次分析法给出评价指标体系的综合权重;最终根据评价指标体系,设计出网约车平台公司安全运营评价量化表,并通过实际案例,验证量化表的合理性与可行性。

5.1 评价指标体系构建

5.1.1 评价指标体系构建原则

系统完备、合理可行且易于操作的评价指标体系是推进网约车平台公司安全运营不断完善的重要依据,更是保证评价结果可靠的基础和前提。选取评价指标的合理性直接影响评价结果的可靠性,因此评价指标体系的构建应遵循以下原则。

(1)完备性原则。网约车平台公司安全运营评价指标体系是一个完备的评价体系,所选取的指标应能够从不同方面反映网约车平台公司安全运营特征,同时反映利益相关方的需求。

(2)科学性原则。评价指标的选取、量化以及评价体系的构建需要遵循一定的科学理论,通过文献资料整理和对利益相关者的调研资料分析,强调评价指标选取的科学性和采用科学的方法建立评价指标体系。

(3)全面性原则。平台公司安全运营涉及利益多方,其共同作用影响整个运营系统的安全。因此,所选取的评价指标体系应充分体现平台公司安全运营的各个方面。

(4)可操作性原则。评价指标体系应当能够在实际操作中体现其价值,在确立指标时,确保指标具有相应的实用功能、数据易获得等特点,通过科学的方法进行量化。

(5)层次性原则。根据评价目的和维度的层次性,需要选取相应具有层次性的特征指标,划分评价层次。

5.1.2 初始层次结构及指标

根据上文基于扎根理论构建的安全运营谱系,将核心编码层"平台内部安全运营管理""驾驶员安全管理"和"车辆安全管理"作为评价的核心指标,并结合大量的文献研究和调查过程中的分析,构建评价层次结构并选取初始指标,完成自下而上提炼核心编码,自上而下细化评价指标的全过程。

网约车平台公司安全运营评价指标体系采用塔式结构模型,层次结构由目标层 A、准则层 B 和评价指标层 C 从上到下组成。A 层为总目标层,即构建平台公司安全运营评价指标体系;B 层为准则层,由平台内部安全管理指标、驾驶员安全管理指标和车辆安全管理指标构成;C 层为指标层,表示对应不同准则的具体评价指标,如图 5-1 所示。

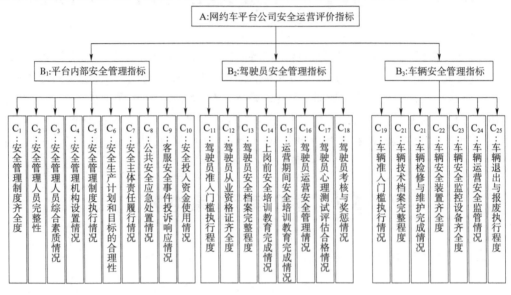

图 5-1　网约车平台公司安全运营评价指标体系初始层次结构及指标

5.1.3　基于德尔菲法的指标筛选

为了验证网约车平台公司安全运营评价指标体系的合理性,本文选取政府部门、相关平台公司、科研机构等 15 名专家,采用德尔菲法,以问卷的形式征求意见。评分采用 5 分制,分值越大表示指标合理性程度越高。调查表详见附录Ⅳ。

根据专家打分的反馈结果,汇总得到结果见表 5-1、表 5-2。

准则层专家反馈结果　　　　　　　　　　　　　　　　　　　　　表 5-1

准则层	专家答题百分比(%)					描述项			
	1	2	3	4	5	均值	中位数	众数	标准差
B_1	—	—	20.0	60.0	20.0	4.00	4	4	0.63
B_2	—	—	—	53.3	46.7	4.50	4	4	0.52
B_3	—	—	—	66.7	33.3	4.33	4	4	0.49

指标层专家反馈结果　　　　　　　　　　　　　　　　　　　　　表 5-2

准则层	指标层	专家答题百分比(%)					描述项			
		1	2	3	4	5	均值	中位数	众数	标准差
B_1	C_1	—	—	—	13.3	86.7	4.87	5	5	0.35
	C_2	—	—	13.3	53.3	33.4	4.20	4	4	0.68
	C_3	—	60.0	40.0	—	—	2.40	2	2	0.51
	C_4	—	53.3	40.0	6.7	—	2.53	2	2	0.64

续上表

准则层	指标层	专家答题百分比(%)					描述项			
		1	2	3	4	5	均值	中位数	众数	标准差
B_1	C_5	—	—	13.3	53.3	33.4	4.20	4	4	0.68
	C_6	—	6.7	20.0	53.3	20.0	3.87	4	4	0.81
	C_7	—	—	6.7	66.7	26.7	4.20	4	4	0.56
	C_8	—	—	—	40.0	60.0	4.60	5	5	0.51
	C_9	—	—	—	33.3	66.7	4.65	5	5	0.45
	C_{10}	—	—	—	26.7	73.3	4.73	5	5	0.46
B_2	C_{11}	—	66.7	26.7	6.7	—	2.40	2	2	0.63
	C_{12}	—	33.3	66.7	—	—	2.67	3	3	0.49
	C_{13}	—	—	—	46.7	53.3	4.53	5	5	0.52
	C_{14}	20.0	60.0	20.0	—	—	2.00	2	2	0.65
	C_{15}	—	—	53.3	33.3	13.3	3.60	3	3	0.71
	C_{16}	—	—	—	20.0	80.0	4.80	5	5	0.41
	C_{17}	—	—	—	13.3	86.7	4.87	5	5	0.35
	C_{18}	—	—	—	46.7	53.3	4.53	5	5	0.52
B3	C_{19}	—	—	20.0	60.0	20.0	4.00	4	4	0.63
	C_{20}	—	20.0	30.0	30.0	20.0	3.40	3	3	0.95
	C_{21}	13.3	20.0	66.7	—	—	2.53	3	3	0.74
	C_{22}	—	—	—	53.3	46.7	4.47	4	4	0.52
	C_{23}	6.7	33.3	46.7	13.3	—	2.67	3	3	0.82
	C_{24}	—	—	6.7	66.7	26.7	4.20	4	4	0.52
	C_{25}	—	—	—	6.7	93.3	4.93	5	5	0.26

根据第一轮打分情况进行分析,发现准则层评分多集中在4、5分,平均数、众数、中位数均为4分,标准差在1.0以内,反映了专家意见的一致性;但在指标层的指标评分呈现3种趋势:

(1)"C_3 安全管理人员综合素质情况、C_4 安全管理制度齐全度、C_{11} 驾驶员准入门槛执行程度、C_{12} 驾驶员从业资格证齐全度、C_{14} 岗前安全培训教育完成情况、C_{21} 车辆检测与维护完成情况、C_{23} 车辆安全监控设备齐全度"指标,评分多集中在2-3分,标准差在1.0以内,表示指标设置的契合度不好;

(2)"C_2 安全管理人员完整性、C_5 安全管理制度执行情况、C_6 安全生产计划和目标的合理性、C_{15} 驾驶员运营期间安全培训教育完成情况、C_{20} 车辆技术档案完整程度、C_{22} 车辆安全装置齐全度"指标,评分多集中在4分及以上,标准差在1.0以内,但部分专家指出了指标当前的问题,并提出了指标修改意见;

(3)除了以上提到的指标外,其余指标评分多集中在4、5分,标准差在1.0以内,专家一致同意保留。

因此对指标体系做出相应的删减和调整,合并"C_2 安全管理人员完整性、C_3 安全管理人员综合素质情况"为"安全管理人员配备情况",并入"平台内部安全运营管理"准则;合并"C_1 安全管理制度齐全度、C_5 安全管理制度执行情况、C_6 安全生产计划和目标的合理性"为"安全管理制度建设情况"并入"平台内部安全运营管理"准则;将"C_{13} 驾驶员安全档案完整程度"修改为"驾驶员安全档案建立情况";将"C_{17} 驾驶员心理测试评估合格情况"修改为"驾驶员心理评估情况";合并"C_{14} 上岗前安全培训教育完成情况、C_{18} 运营期间安全培训教育完成情况"为"驾驶员安全培训情况",并入"驾驶员安全运营管理情况"准则;将"C_{20} 车辆技术档案完整程度"修改为"车辆技术档案建立情况";将"C_{22} 车辆安全装置齐全度"修改为"车辆安全设备配备情况";删除评分较低指标"C_{21} 车辆检测与维护完成情况、C_{23} 车辆安全监控设备齐全度",对修改后最终评价指标进行第二轮调查打分。

第二轮调查打分的结果,指标层评分多集中在4、5分,平均数均为4分以上;众数、中位数为4分或5分,标准差在1.0以下,反映了专家对指标的一致性。

5.1.4 最终层次结构模型及指标

最终确定的网约车平台公司安全运营评价指标体系如图5-2所示。实际评价过程中,可根据评价侧重点,适当调整评价指标体系,形成弹性评价系统。一方面,可以根据需求不同和数据获取情况对评价指标进行调整和选取;另一方面,可以从不同利益相关方层面单独拓展指标细度,即从乘客、驾驶员、平台公司和政府的角度评价安全运营全过程的情况。

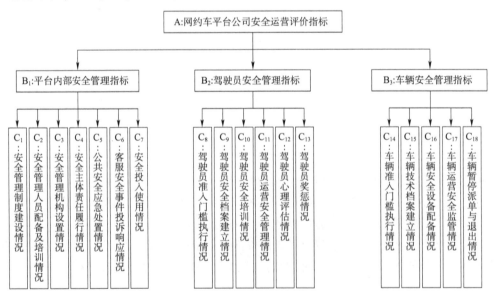

图5-2 网约车平台公司安全运营评价指标体系

5.1.5 评价指标说明

5.1.5.1 平台内部安全管理指标

(1)安全管理制度建设情况。

安全管理制度是平台公司安全运营所遵循的操作规程和行动指南,驾驶员、车辆管理等方面都需要合理的制度来配合各个环节安全有序。安全管理制度是保障平台公司安全运营的重要依托,制度建设是一个全面、系统、庞大的过程,贯穿整个安全管理,从近期的工作方针、目标到中长期的具体规划,都应该在安全制度中有所明确。制度的建设情况能直接体现平台公司在安全管理方面的水平和重视程度。因此,安全管理制度不仅要齐全完整,而且还要做到及时修订和更新,与时俱进。

(2)安全管理机构设置情况。

安全管理机构的设置有利于将安全管理工作落到实处,通常分为安全管理执行机构和决策机构。决策机构承担决策任务,行使决策权力,执行机构落实决策机构发布的任务和实施方案,将安全运营目标和计划分解到各部门和岗位,形成有决策、可落实的安全管理机构。合理的安全管理机构设置可以提高工作效率,保障平台安全运营。

(3)安全管理人员配备及培训情况。

安全管理人员是平台公司安全运营的执行者,要保障配备足量的、技能覆盖全面的安全管理人员,明确人员责任,确保日常安全管理工作有专人执行,定人定岗定责。此外,安全管理人员责任重大,并非任何人都可妥善处理安全事故,故需配备具有一定从业条件的并经过培训考核后合格的人员,对安全运营和安全生产的内容有一定的知识储备,上岗后定期接受行业和平台的培训,不断强化安全意识,提高应急处置能力,培训考勤和考核记录需妥善保存,预防事后复查。

(4)安全主体责任履行情况。

作为具有互联网性质的运输企业,除承担承运人责任外,还承担信息安全、公共安全等方面的责任。履行好平台责任,是平台保障驾驶员、乘客甚至社会安全的基本工作。安全主体责任履行情况是指平台在运营过程中是否承担了相应的责任,是否因未履行的责任而造成的财产损失和人员伤亡。该指标可以看出平台本身对于安全运营管理的态度,从而对平台主体责任的划分更加清晰。

(5)公共安全应急处置情况。

公共安全事故所带来的社会影响大,容易引起较大社会舆论。为降低公共安全事故发生后的损失和影响,对公共安全应急处置情况进行评价,评价内容具体包括预案制订、预案实施、应急队伍建设、应急装备与演练、隐患排查与治理。根据"事前—事中—事后"的原则,考查平台是否在处置过程中及时上报、快速响应、迅速处理,从而达到降低社会影响,减少财产损失,保障乘客与驾驶员安全,维护社会舆论稳定的目的。

(6)客服安全事件投诉响应情况。

客服安全事件投诉关乎乘客、驾驶员双方的生命安全和财产安全,响应的效率可以反映出平台在客服的人员储备、专业能力、反馈效率等多方面建设情况。通过对运营事故的分级分类,明确不同等级/类别的事件响应流程,做到事前预防、事故报告、事后处理、事故倒查的客服响应机制,设置投诉冻结机制,建立警企调证通道,及时对过错方停止接派单,并做出相应处罚,保障乘客与驾驶员安全。

(7)安全投入使用情况。

安全运营管理需要足够的资金保障,以便满足日常的应急演练、安全检查评价、安全隐患排查、安全宣传教育、安全新技术与设备等方面的支出。因此不仅需要设置安全投入专项资金,还要对安全投入的使用情况进行归类,故建立安全投入使用的台账,追踪投入流向。此外,搭建平台安全环境,设立宣传栏、安全角等安全文化阵地,及时修订各项安全管理制度、预案、方案,优化 App 产品功能,保障车辆运行安全和乘客人身安全的保险等费用也均为平台为保障运营安全投入的一部分。

5.1.5.2 驾驶员安全管理指标

(1)驾驶员准入门槛执行情况。

驾驶员准入门槛审查是平台依法合规经营的重要工作,做好驾驶员的背景审查与从业资格审查,保证驾驶员从业基本素质是平台公司的义务和责任。各地方政府已基本明确驾驶员的准入要求,平台公司应按照要求严格执行,不得擅自降低准入标准。无论驾驶员为全职还是兼职均应满足准入门槛,是平台允许其运营的底线要求。准入门槛的执行情况直接影响驾驶员队伍的人员素质与运营安全。

(2)驾驶员安全档案建立情况。

驾驶员安全档案相当于驾驶员的身份证,里面包含驾驶员基本信息、证件信息、背景审查结果、安全培训考核记录等方面的内容,实行一人一档案。安全档案一方面要有严格的档案规范,统一化管理,另一方面要及时更新,对档案不同内容设置更新周期,动态监控驾驶员的档案情况,及时甄别危险驾驶员,停止或清退其运营服务。

(3)驾驶员安全培训情况。

驾驶员安全意识是潜移默化的,逐渐影响驾驶员的责任心与职业道德。通过对驾驶员进行法律法规、应急处置、职业规范等安全内容的岗前培训和上岗后的定期教育与培训,提高驾驶员安全意识。对培训内容和培训后的考核进行记录,对不参加或考核不合格的驾驶员进行重点跟进,并做适当处罚。安全培训关系到驾驶员自身安全和对服务乘客的安全,一方面可以了解驾驶员对安全培训的态度,以便对不重视的驾驶员给予批评教育,另一方面可以降低安全运营风险。

(4)驾驶员运营安全管理情况。

驾驶员运营安全管理情况是对驾驶员的运营过程进行监管,包括基本的运营规则、运营前对驾驶员进行人脸识别、驾驶员和车辆一致性审查以及通过信息化手段对运营过程进行动态监管。对驾驶员存在异常停留、路线偏移、终点更改等非常规运营情况进行监测,及时发现运营过程中的异常行为。

(5)驾驶员心理评估情况。

驾驶员的驾驶水平主要由驾驶员的先天素质和后天学习的技能构成,取得驾照只能说明驾驶技术合格,但对于驾驶员的心理情况并不了解。据统计,由驾驶员生、心理因素造成事故的比例高达35%。驾驶员工作强度大,工作空间相对狭小密闭,接触人群又多为女性,导致驾驶员心理可能存在异常波动,因此,对驾驶员进行心理评估可从根源上有效减少安全事件的发生,定期对驾驶员进行心理评估,并将评估结果记录到驾驶员档案中,及时防范心理异常驾驶员,并给予心理疏导。

(6)驾驶员奖惩情况。

平台公司定期对驾驶员的交通违法行为、道路交通事故发生率、安全运营情况等指标进行考核,并将考核结果与奖惩挂钩,不仅调动驾驶员对安全的主观能动性,还能筛选出安全程度较差的驾驶员,并对考核较高驾驶员给予适当奖励,如派优质单、增加补贴等,对考核较低驾驶员做好再培训或进行封禁处罚,保障驾驶员整体的素质。

5.1.5.3 车辆安全管理指标

(1) 车辆准入门槛执行情况。

车辆是运输载体,其安全性能影响着驾驶员和乘客的安全。在道路上行驶的车辆虽满足车辆基本安全性能,但网约车作为营运性质的运输车辆,安全性能应有一定的要求。各地方政府已基本明确车辆的准入要求,平台公司应按照要求严格执行,不得擅自降低准入标准。

(2) 车辆技术档案建立情况。

车辆技术档案相当于车辆的身份证,里面包含车辆基本信息、车辆证件信息、运营安全信息等方面的内容,实行一车一档案。技术档案一方面要有严格的档案规范,统一化管理,另一方面要及时更新,对档案不同内容设置更新周期,动态监控车辆的档案情况,及时发现危险车辆,并停止派单或清退。

(3) 车辆安全设备配备情况。

网约车作为营运车辆,应配备相应的安全设备保障运营安全,包括车内、外行车记录仪、车内录音设备等监控设备,方便事故发生后的取证,车辆还必须配置警示牌、灭火器等安全设备。除此之外对车辆安全设备进行定期检查和维护,确保车辆定位、通话、报警、车辆信息查询、监控信息查询、音频和视频信息采集等功能保持正常,保障车辆在运营过程中的安全。

(4) 车辆运营安全监管情况。

车辆运营安全监管情况是对车辆运营全过程进行信息化监管,加强车辆动态风险预警,及时甄别异常情况或风险场景。该指标可及时发现运营过程中车辆的异常行为,包括长时间停靠、路线偏移等。对运营过程中发现的违规行为应给予处罚。

(5) 车辆暂停派单与退出情况。

我国已取消私家车强制报废条件,车辆只需通过年检即可,但网约车具有营运性质,车辆退出标准应按照营运车辆报废条件进行处理。车辆若发生交通事故,需提交车辆维修文件,确保车辆安全性能良好。对于发生较大交通事故的车辆应及时进行暂停派单及清退,保证平台公司车辆整体安全状况处于良好状态。

5.2 评价指标权重的确定

层次分析法(AHP)通过定性分解、定量综合分析的决策思维方式,为复杂系统的分析、预测、评价、决策等提供定量依据,是复杂系统建模的重要理论和方法之一。目前已在研究中被广泛应用,网约车平台公司安全运营评价指标体系的权重计算也采用层次分析法确定,确定权重的步骤主要为:

(1) 构造判断矩阵;
(2) 判断矩阵层次单排序及一致性检验;
(3) 评价指标的综合权重确定。

5.2.1 构造判断矩阵

为了确定各指标的相对重要程度,采用1-9的比例标度法描述各要素之间的相对重要性,对准则层和指标层的同层元素进行两两比较,并将各层各元素的重要程度列成矩阵序列,得到判断矩阵 A,其矩阵公式为:

$$A = (a_{ij})_{n \times n} = \begin{pmatrix} a_{11} & \cdots & a_{1n} \\ \vdots & \ddots & \vdots \\ a_{n1} & \cdots & a_{nn} \end{pmatrix} \tag{5-1}$$

$a_{ij(i,j=1,2,3,4\cdots n)}$,是 a_{ij} 的比较结果数值,a_{ij} 表示 i 元素与 j 元素的对比重要度,分别得到判断矩阵 A-B、B_1-C、B_2-C、B_3-C 中准则层与指标层的相对重要性进行比较,矩阵结果见表5-3至表5-6。

判断矩阵 A-B   表5-3

A	B_1	B_2	B_3
B_1	1	2	4
B_2	1/2	1	3
B_3	1/4	1/3	1

判断矩阵 B_1-C   表5-4

B_1	C_1	C_2	C_3	C_4	C_5	C_6	C_7
C_1	1	7	9	3	1/5	1/3	3
C_2	1/7	1	3	5	1/5	1/7	3
C_3	1/9	1/3	1	5	1/7	1/5	3
C_4	1/3	1/5	1/5	1	1/7	1/7	5
C_5	1/3	5	7	7	1	3	9
C_6	3	7	5	7	1/3	1	9
C_7	1/3	1/3	1/3	1/5	1/9	1/9	1

判断矩阵 B_2-C   表5-5

B_2	C_8	C_9	C_{10}	C_{11}	C_{12}	C_{13}
C_8	1	1/3	1/5	1/7	1/3	5
C_9	3	1	5	1/3	6	7
C_{10}	5	1/5	1	5	5	3
C_{11}	7	3	1/5	1	7	7
C_{12}	3	1/6	1/5	1/7	1	1/3
C_{13}	1/5	1/7	1/3	1/7	3	1

判断矩阵 B_3-C 表 5-6

B_3	C_{14}	C_{15}	C_{16}	C_{17}	C_{18}
C_{14}	1	1/3	1/4	1/5	3
C_{15}	3	1	5	1/2	4
C_{16}	4	1/5	1	1/3	3
C_{17}	5	2	3	1	5
C_{18}	1/3	1/4	1/3	1/5	1

5.2.2 判断矩阵一致性检验

5.2.2.1 判断矩阵 A-B 的特征向量与一致性检验

(1) 计算判断矩阵 A-B 各行元素乘积：
$$M_1 = 8, M_2 = 1.5, M_3 = 1/12$$

(2) 计算 M_1, M_2, M_3 的 5 次方根：
$$W_1 = 1.516, W_2 = 1.084, W_3 = 0.608;$$

(3) 对向量 $W = [W_1, W_2, W_3]^T$ 规范化，有：
$$W = W_1 + W_2 + W_3 = 3.209$$
$$W_1 = W_1/W = 0.472$$
$$W_2 = W_2/W = 0.338$$
$$W_3 = W_3/W = 0.189$$

得到特征向量为：
$$W = [0.472, 0.338, 0.189]^T$$
$$AW_1 = 1 \times 0.472 + 2 \times 0.338 + 4 \times 0.189 = 2$$
$$AW_2 = 1/2 \times 0.472 + 1 \times 0.338 + 3 \times 0.189 = 1.143$$
$$AW_3 = 1/4 \times 0.472 + 1/3 \times 0.338 + 1 \times 0.189 = 0.429$$

(4) 计算判断矩阵最大特征根 λ_{max}，得：
$$\lambda_{max} = 3.018$$

(5) 一致性检验有 $CI = (\lambda_{max} - n)/(n - 1) = 0.009$，查表 5-7 可得出：
$$RI = 0.58$$
$$CR = CI/RI = 0.016 < 0.1$$

满足一致性检验。

平均随机一致性指标值 RI 表 5-7

矩阵阶数 n	2	3	4	5	6	7
RI	0	0.58	0.90	1.12	1.24	1.32

5.2.2.2 判断矩阵 B_1-C 的特征向量与一致性检验

特征向量 $W = [0.247, 0.083, 0.073, 0.041, 0.334, 0.193, 0.028]^T$，
$\lambda_{max} = 7.813, CR = 0.09965 < 0.1$，满足一致性检验。

5.2.2.3 判断矩阵 B_2-C 的特征向量与一致性检验

特征向量 $W=[0.139,0.337,0.246,0.185,0.052,0.041]^T$，

$\lambda_{max}=6.626, CR=0.378<0.1$，满足一致性检验。

5.2.2.4 判断矩阵 B_3-C 的特征向量与一致性检验

特征向量 $W=[0.095,0.302,0.152,0.394,0.056]^T$，

$\lambda_{max}=5.429, CR=0.113<0.1$，满足一致性检验。

5.2.3 确定评价指标综合权重

根据以上计算结果，所有评价指标的一致性检验均符合要求，而特征向量则为各个指标类型下的指标权重，特征向量与指标对应的权重乘积则为各指标对网约车平台公司安全运营评价指标体系的权重，见表5-8。可以看出，安全管理机构设置情况、公共安全应急处置情况与客服安全事件投诉响应情况相对平台内部安全运营管理的重要性较高；驾驶员安全档案建立情况与车辆运营安全监管情况是驾驶员和车辆安全运营管理最重要的指标，对平台公司安全运营影响较大。因此，平台公司应该有针对性地确保运营安全，根据实际情况做出有效安全防范措施。

网约车平台公司安全运营评价指标权重　　　　表5-8

指标代号	B_1	B_2	B_3	综合权重
C_1	0.247	—	—	0.138
C_2	0.083	—	—	0.046
C_3	0.073	—	—	0.041
C_4	0.041	—	—	0.023
C_5	0.334	—	—	0.186
C_6	0.193	—	—	0.107
C_7	0.028	—	—	0.016
C_8	—	0.139	—	0.045
C_9	—	0.337	—	0.108
C_{10}	—	0.246	—	0.079
C_{11}	—	0.185	—	0.059
C_{12}	—	0.052	—	0.017
C_{13}	—	0.041	—	0.013
C_{14}	—	—	0.095	0.012
C_{15}	—	—	0.302	0.037
C_{16}	—	—	0.152	0.019
C_{17}	—	—	0.394	0.048
C_{18}	—	—	0.056	0.007

5.3 评价方法选择

5.3.1 评价方法差异比较

平台公司安全运营评价要综合考虑多方面因素的影响,而且大多数指标难以量化,具有模糊性。如果评价方法选取不当,会导致评价结果缺乏科学性,评价也就失去了意义。因此,对比一些常用的评价方法,选出适用于网约车平台公司安全运营的方法就显得尤为重要,常用评价方法的对比见表5-9。

常用安全评价方法对比 表5-9

评价方法	评价目标	特点分析	优 点	缺 点
模糊综合评价法	适用于具有模糊性、多因素、多层次的系统评价	(1)设定模糊评语集; (2)建立隶属度函数; (3)通过相关运算进行定量评价	(1)能够处理多指标综合系统的安全评价; (2)可以实现主观指标和客观指标的综合评价	(1)计算量较大; (2)对评价人员专业知识要求较高
灰色系统理论	对信息量、数据较少或不可知的系统进行评价	利用数学方法,对系统运行形式和演化过程进行描述	(1)所需样本少; (2)计算量小、准确性较高	(1)较为复杂; (2)过程模糊,不清晰
预先危险性分析	对系统有害因素分析、危险性等级分析	讨论系统中的危险和有害因素,找出其触发条件和所属事故种类,评定危险性等级	(1)简单易行; (2)可操作性强	评价人员要熟知被评系统的特点,评价人员水平要高
安全评价量化表	系统有害因素分析、安全等级划分	将检查表事先编制,按照检查表的内容逐项检查,找出有害因素,划分风险等级	(1)简单易行、评价直接; (2)弥补有关人员知识、经验不足的缺陷	(1)需事先编制,且有相应的评价标准; (2)工作量大

安全评价量化表因形式简单,在评价时常常被忽略。随着评价工作的不断深入,评价逐渐从注重方法转向了注重细节,安全评价量化表中的各项评价内容,既是对潜在危险的检查,又是对识别到的潜在安全隐患进行消除,可直接找出影响平台公司安全运营水平的关键。

当前,城市公共汽车客运企业和出租汽车企业均有安全生产评价量化表,通过对评价指标的内容进行打分,可以直观地衡量当前企业的安全运营情况。安全评价量化表将安全评价结果整理成为一个清单,把评价系统中的各个单元进行细分,编制成表,对表格中的各项评价内容以专家现场检查或提问的方式得到具体的安全状况,并按照评价标准进行打分,最后计算总分确定安全管理水平。这种方法条理清晰,操作简单,并且由于事前准备充分,可以达到较为系统化的评价,易形成规范且完整的评价结果。网约车虽属于出租汽车服务行业,但在诸多方面与巡游出租车相差甚远,安全生产考核方法并不适用于网约车平台公司。因此,本节结合行业自身特点,选取建立安全评价量化表的方法对平台公司的安全运营水平进行评价。

5.3.2 安全评价量化表的设计

根据对评价指标体系的研究,依托《出租汽车企业安全生产达标考评指标1000分》评价量化表,结合相关专家、平台员工、科研人员的访谈和网约车行业的特点,汇总意见和建议,对网约车平台公司安全运营评价量化内容进行设计,安全评价量化表具体内容见附录Ⅶ。将评价指标体系转化为安全评价量化表,简化了评价流程,使得评价者通过听取汇报、审查资料、现场考察、与员工访谈等形式了解平台公司安全运营现状后,根据评价量化表的得分情况,得到平台公司安全运营的水平。表5-10列出了各项指标的考评分数和考评条款数量的情况,总分为1000分,共考评51个要点和144项内容。

安全评价表考评分数、条款数量汇总情况　　　　　　表5-10

序　号	考评指标	总　分	考评要点(节)	考评条款(项)
1	安全管理制度建设情况	80	5	12
2	安全管理机构设置情况	45	2	5
3	安全管理人员配备及培训情况	85	3	12
4	安全主体责任履行情况	60	3	8
5	公共安全应急处置情况	115	6	18
6	客服安全事件投诉响应情况	110	4	15
7	安全投入使用情况	70	4	12
8	驾驶员准入门槛执行情况	65	2	6
9	驾驶员安全档案建立情况	45	2	5
10	驾驶员安全培训情况	35	3	6
11	驾驶员运营安全管理情况	65	3	11
12	驾驶员心理评估情况	35	2	5
13	驾驶员奖惩情况	35	2	5
14	车辆准入门槛执行情况	25	2	4
15	车辆技术档案建立情况	35	2	4
16	车辆安全设备配备情况	40	2	7
17	车辆运营安全监管情况	20	2	4
18	车辆暂停派单与退出情况	35	2	5
总计	18个指标	1000	51	144

安全评价量化表的打分是由有相关安全背景的专家组成的评审组进行评价,并对每项指标的得分情况取专家评分的平均值,见式(5-2):

$$R_{ij} = \frac{\sum_{i=1}^{t} R_{ijk}}{n} \qquad (5-2)$$

式中:R_{ij}——第 i 个指标第 j 项的评价值;

R_{ijk}——第 i 个指标第 j 项的第 k 个评委给出的评价值;

t——评价指标的数量;

n——专家组人数,以 3~9 人为宜。

得到每个指标的评价平均值后,把所有评价指标的分数相加,即得到网约车平台公司安全运营评价的总分数 R,即:

$$R = \sum_{i=1}^{t} R_{ij} \qquad (5-3)$$

安全评价量化表共计1000分,评价水平分为四个等级:一级达标平台公司的考评分数不低于900分,二级达标平台公司的考评分数不低于700分,三级达标平台公司的考评分数不低于600分,四级未达标平台公司的考评分数低于600分,且需进行全面的安全检查。

5.3.3 安全评价量化表对比研究

为了进一步阐述安全评价量化表的合理性与科学性,与出租汽车企业安全生产达标考评指标进行对比,见表5-11。

考 评 指 标 对 比　　　　　　表 5-11

出租汽车企业安全生产达标考评指标	网约车平台公司安全运营达标考评指标
安全目标	安全管理制度建设情况
法规和安全管理制度	安全管理机构设置情况
管理机构与人员	安全管理人员配备及培训情况
队伍建设	安全主体责任履行情况
安全责任体系	安全投入使用情况
安全投入	*客服安全事件投诉响应情况
安全文化	*公共安全应急处置情况
绩效考核与持续改进	驾驶员准入门槛执行情况
科技创新与信息化	驾驶员安全档案建立情况
隐患排查与治理	驾驶员安全培训情况
事故报告调查处理	驾驶员运营安全管理情况
应急救援	驾驶员心理评估情况
危险源辨识与风险控制	驾驶员奖惩情况
职业健康	车辆准入门槛执行情况

续上表

出租汽车企业安全生产达标考评指标	网约车平台公司安全运营达标考评指标
作业管理	车辆技术档案建立情况
装备设施	车辆安全设备配备情况
—	车辆运营安全监管情况
—	车辆暂停派单与退出情况

注：*为考核网约车平台公司的特点和重点内容。

  出租车企业的考核指标是按照《安全生产法》中对企业生产的事前、事中、事后进行全过程考核，该指标过度关注生产，没有突出网约车的运营特点，对运营过程中监管和突发事件的考核内容少。因此，在设计考评指标的时候，根据网约车的特点，将突发事件又分为客服安全事件投诉响应情况与公共安全应急处置情况，从客服和平台两个角度对突发事件的应对措施进行线上与线下的考核。安全目标、法规和安全管理制度均为企业作为安全管理的先决条件，在平台公司考核指标中合并为"安全管理制度建设情况"，考评安全目标、制度的合理性、齐全度等建设情况；管理机构与人员、队伍建设两个指标存在管理内容相互交织，没能很好地划清管理界限，且对人员的管理其实就是对整个企业队伍的建设，故在平台公司考核指标改为"安全管理机构设置情况"和"安全管理人员配备及培训情况"；安全文化、绩效考核与持续改进、科技创新与信息化这3个指标均为安全投入后的结果，故在平台公司考评指标中与安全投入合并为"安全投入使用情况"。

  由于出租车企业的车辆和驾驶员从运营开始全部为合规的驾驶员和车辆，而网约车平台公司是从不合规的驾驶员和车辆逐步转为合规的驾驶员和车辆，从运营合规进程上是不一样的，为了突出平台公司合规转化、运营过程线上监管的特点，安全评价量化表专门对驾驶员和车辆的安全运营管理进行考核评价。

  设计的安全评价量化表既体现了平台型企业的特点，又在运营方面考虑了人车合规化的安全管理，可以更为直观、清晰、全面地对平台公司的安全运营水平进行衡量。

  本《报告》给出安全评价量化表明确网约车企业平台安全评价内容及标准（附录Ⅴ）供参考借鉴。

第6章 网约车安全发展问题挑战与对策

我国网约车安全企业重视程度、政府监管力度都在加强，安全水平在稳步提升，但是安全隐患依然存在，安全组织机构、管理制度、运营管理、产品安全功能等依然存在薄弱环节，安全管理形势依然严峻，安全管理工作任重道远。由于网约车企业存在点多、线长、面广的特征，订单数量高、车辆运营作业流动分散、外部环境及人员因素复杂，彻底杜绝安全事件也十分困难。今后，网约车平台企业仍然需要强化安全规范化工作，政府也应强化监管，政企共同联手打造安全管理防线。在强化安全管理的前提下，不宜将安全责任无限化和扩大化，科学、客观、理性地看待评定网约车企业平台安全责任。

同时，网约车平台弱连接、互联网去中心化、零工经济个性化等特点，也决定着其所面临着的安全管控、安全规则、安全策略等将更加复杂且灵活。传统模式在网约车安全管理上适用性有限，平台模式安全管理指导依据缺位，新业态下的驾驶员安全教育、驾驶员保障、车辆保险、聚合模式责任、一人多平台、安全与体验、安全与隐私等问题，需要行业共同来思考与解决。此外，平台模式为事中风险干预、行业信用体系构建等也带来新的挑战。

本《报告》对安全体验与隐私、数据信息孤岛、传统安全管理模式适用性、社会舆情与安全感知偏差、新兴模式安全保障等5个与网约车行业安全紧密相关的问题进行探讨。

6.1 安全体验与隐私平衡问题

在网约车服务中，作为服务主要提供者的驾驶员、作为服务对象的乘客，对服务和安全都有相对个性化认知与诉求。网约车平台作为相对中立的第三方，需要精细平衡驾驶员和乘客面对安全管控时的权责，这是影响网约车安全发展的深层次问题。

6.1.1 安全与体验的平衡

网约车服务的对象是广泛且多元的出行人群，兼具公共交通和个性出行属性，不同驾驶员、乘客对安全和体验之间的认知选择有较大分歧，作为管理方的平台也经常处于尴尬境地。在调研过程中，我们发现相关网约车平台采取在App上强行推送安全教育和提醒功能，用户必须要阅读或观看后才能继续使用App，但这会显著影响司乘的用户体验，甚至会导致服务投诉。

由于具体场景、特定风险的防范需要，一些网约车企业上线了限制性运营策略。以滴滴出行为例，为了切实预防涉性冲突风险，滴滴网约车通过"深夜服务卡"等产品对夜间接单驾驶员进行了严格的筛选，必须符合一定驾龄、无安全投诉等条件才能获得夜间服务资格。实践表明，深夜服务卡等限制性策略对于降低车内冲突投诉率起到了显著性作用，确实提高了运营安全水平，但是同时也付出了运力不足、接单率下降的相应代价，导致一些夜间出行的乘客遭遇打车难问题，严重影响了服务的确定性和便捷性。

6.1.2 安全与隐私的平衡

在互联网时代,信息安全与隐私保护已经成为重要议题。而安全管理中,准确的个人信息采集和数据记录能显著加强安全管控能力。如何做好安全与隐私的平衡,已经成为网约车行业的争议话题。

为了保障乘客和行车安全,法规对驾驶员提出了包括实名认证在内的多种个人信息要求。在发生多起乘客侵害驾驶员案件后,部分驾驶员和公众要求对乘客也采取实名认证措施,以加强对乘客的安全管理,比如有不良记录的乘客会对驾驶员安全造成潜在威胁。但在实践中,大多数乘客拒绝参与实名认证过程。

更具争议的话题,则是对网约车服务进行录音和录像。这一措施能实时记录司乘之间的语音和视频信息,对相关纠纷后的公平判责乃至震慑潜在冲突等都有显著效果。我国出租车行业主管部门、相关企业很早就在出租车内推广车载录音和视频,这在一定程度上干预和侵犯了司乘的个人独立空间与隐私,目前还没有明确的法规支持,也受到部分司乘的抵制。此外,调研中还发现,一些关于司乘相关行程信息采集和使用的边界与信息安全也存在一定的问题。例如,为了管控高风险订单,需要对在酒吧、酒店、娱乐场所的司乘进行风险标记,这样能显著降低安全风险,但也在一定程度上侵犯了个人隐私。

安全是底线规则,为了安全让渡部分隐私,这是公众可以接受的共识。但是,在具体的运营过程中,对网约车服务而言,哪些隐私可以让渡、需要哪些前置条件、隐私信息让渡后如何保护等,还需要深入探索来明晰规则和边界。

6.2 数据信息孤岛亟待打通

6.2.1 网约车行业信用体系构建

结合国务院和交通运输部关于平台经济与网约车行业服务质量与信用体系的相关要求,应该建立一套完整的网约车行业信用评价体系,搭建网约车出租车行业诚信评价管理系统,将驾驶员、车辆、乘客等信用评价指标信息记入信用档案,通过评分结果对诚信档案分级,并作为安全运营的重要依据。

加强黑名单和预警功能完善,对于出现失信行为的车辆、驾驶员、乘客自动列入黑名单当中,增强对重点失信对象的预警与管控。此外,网约车平台可充分利用其平台聚集优势升级评价功能,采用驾驶员与乘客双向评价机制,除了乘客评价驾驶员外,也完善驾驶员评价乘客功能,构建更为合理的平台信用体系,促进行业健康发展,降低安全事件发生的可能性。

6.2.2 一人多平台成为防疲劳驾驶规则漏洞

疲劳驾驶是道路交通事故高发的主要原因之一,其危害不言而喻。由于疲劳驾驶的复杂性、隐匿性和多变性,目前业界仍缺乏科学有效的监测手段和专业鉴别工具,通常以驾驶时间作为界定疲劳驾驶的主要基准。

滴滴出行从2017年就开始试行《滴滴网约车驾驶员防疲劳驾驶规则》,经过多次优化迭代,目前已经覆盖全国所有滴滴网约车驾驶员,包括短时策略和长时策略两部分。短时策略要求,所有滴滴网约车驾驶员服务时长(从驾驶员接到订单到订单结束计费的全部时长)累计满4小时且之间一次性休息时间不足20分钟的,需要下线休息20分钟才能再次上线接单。长时策略则要求驾驶员在达到一定计费时长(从乘客上车后驾驶员点击开始计费一直到结束计费的全部时长)后休息6小时才能上线,根据不同业务线的特点有所区别。

然而,部分驾驶员在某个平台被强制下线休息后,切换到其他平台接单,相当于绕开了防疲劳驾驶规则。一人可多平台接单的漏洞导致当前的防疲劳驾驶规则失效,无法发挥真正的作用。此外,驾驶员为多个服务平台服务,在疲劳驾驶的状态下出现事故,无法划清主体责任归属,不仅对乘客安全造成隐患,也为赔付责任的划分带来困难。

6.3 传统安全管理模式适用性有限

6.3.1 平台模式安全管理指导依据缺位

梳理网约车相关政策法规发现,目前对安全的规定大多集中在准入管理方面,主要包括对网约车平台、驾驶员、车辆提出准入资格条件,网约车服务运营过程中的安全管理缺乏针对性、执行性的相关指导性依据。这背后一方面是传统巡游出租车行业实行属地化管理,各地经营管理方式、风格差异化较大,而网约车平台企业所代表的平台模式,更适合标准化、规范化的安全管理方式,两者之间存在天然的客观差异;另一方面,由于巡游出租车运行模式属于单兵作战逻辑,驾驶员安全意识、驾驶习惯等风险因素并不被企业实时、准确掌握,这就决定了传统安全管理模式更倾向于节点式管理,比如上岗前培训、安全周会、事故处理、违章教育等形式,企业对驾驶员的管理是静态的,管理效果缺乏评估机制,管理手段较为单一且升级迭代较慢。在这些现实因素的综合影响下,网约车行业虽然已经诞生十年,但匹配平台模式特征的安全运营管理指导依据仍然比较薄弱、滞后,网约车平台企业基本处于自主探索阶段,行业层面缺乏标准化、规范性、可操作的通用指导依据,对于网约车安全发展起到了一定的限制效应。

从网约车相关标准看,当前国家层面及行业层面均未制订专门的网约车安全标准。《网络预约出租汽车运营服务规范》(JT/T 1068)、《出租汽车服务管理信息系统》(JT/T 905)等标准中仅有少部分条款与安全相关,不足以系统地指导平台安全运营。2019年以来,由行业协会牵头、企业支持的网约车安全运营规范、疫情防控服务规范等一系列团体标准相继发布实施,对于网约车行业安全运营管理起到了一定的探索实践和引领示范作用。

专家言:依托网约车线下运营公司开展网约车安全标准建设必不可少

——顾大松[①]

作为出行服务业的网约车行业,安全是底线,正如滴滴出行公司今年所提出的0188战略的基础——没有安全一切归"0"。因此,安全是网约车企业的命脉,是网约车行业行稳致远的基础。

---

① 顾大松,东南大学交通法治与发展研究中心执行主任、中国城市公共交通协会网约车分会会长。

目前,国内各大网约车平台企业均高度重视网约车安全管理,纷纷依托行业协会开展团体标准建设,加强安全管理,如中国道路运输协会联合北京建筑大学、北京运达无限科技有限公司、杭州优行科技有限公司、福建快滴信息技术有限公司、欧拉信息服务有限公司等制订《私人小客车合乘信息服务平台公司安全运行技术规范》,中国城市公共交通协会联合东南大学交通法治与发展研究中心、滴滴出行科技有限公司、东风出行科技有限公司等制订《网络预约出租汽车平台公司重大呼吸道传染病疫情防控规范》团体标准。与此同时,网约车平台企业也积极响应国务院办公厅《关于促进平台经济规范健康发展的指导意见》"加快完善新业态标准体系"的要求,结合自身运营经验开展安全方面的企业标准建设,如滴滴出行2019年在中国国家标准化管理委员会下属企业标准信息服务平台发布《滴滴网约车安全标准》,在安全责任制、驾驶员与车辆管理、安全响应处置、隐患治理与风险管控、安全绩效管理等各方面作出了详细规定,包含96项条款和19项安全制度,体现了龙头企业带头提升网约车服务安全与质量的重要作用。

不过,由于网约车业态具有线上线下在一定程度上分离的特性,仅仅以网约车平台公司为重点开展安全方面的团体标准、企业标准建设仍然存在一定的缺失,网约车平台企业往往选择是和线下运营服务公司(车辆管理与驾驶员服务)合作,共同提供网约车出行服务,即使是早期采取自有车辆与驾驶员开展网约车业务的平台企业,也逐渐引入加盟模式,通过与线下运营服务企业合作提供网约车出行服务。因此,通过标准建设推动网约车行业服务安全与质量的提升,离不开网约车线下运营服务企业,相关标准建设中应有一定的涉及网约车线下运营服务企业的内容。

网约车业态区别于传统巡游出租汽车的主要特点在于线上线下分离,现行网约车平台经营许可规范也特别要求平台公司取得独立的线上能力认定。事实上,网约车平台公司往往长于线上能力,对线下车辆与驾驶员的管理能力相对欠缺,即使通过技术能力在线上加强对车辆与驾驶员的管理,其线上能力与线下能力之间仍然存在不匹配。当前,地方主管部门对网约车线下能力的要求也难与全国性平台公司对接,地方的监管需求与网约车制度设计之间存在一定分离。与此同时,与网约车平台公司合作的网约车线下运营服务公司往往同时也是网约车车辆运输证持有人,属于网约车法律关系主体,但相关管理政策与法律规范却没有将其纳入,进而形成监管的空白。因此,在安全标准建设方面强化网约车线下运营服务公司的作用,也是网约车线下运营服务公司在一定程度上是网约车法律关系主体的要求所致。

2019年6月,南京市交通运输局为加强网约车管理,提升线下服务能力,出台了《南京市网络预约出租汽车平台公司线下服务能力评价指南》。该评价指南制订的主要法律法规依据包括《中华人民共和国安全生产法》《江苏省企业事业单位内部治安保卫条例》《南京市道路交通安全条例》等,在安全管理方面作了专门的规定,包括安全管理人员配置、安全生产管理、诉求与沟通机制、突发事件快速反应机制,安全培训机制与台账、档案建设等内容,对于网约车平台公司的线下管理能力特别是安全管理作出详细的要求。与此同时,该评价指南也在一定程度上注意到了网约车业态线上与线下能力分离的特性,进而承认安全管理能力上的民事委托关系,如南京市交通运输局在该评价指南安全管理部分(5.1)就提出:"运营单位(网约车平台公司)如将车辆、驾驶员委托第三方进行线下管理的,应当与第三方签订权责明确的委托管理协议,第三方线下服务能力应当符合本指南要求。"成都市交通运输管理局于2020年8月发布的《成都市网络预约出租汽车经营服务管理实施细则(征求意见稿)》第十三条第三款规定:"网约车平台公司应当与第三方经营合作商共同承担社会责任,保障驾驶员合法权益,做好新增驾驶员的经营风险提示。网约车平台公司、第三方经营合作商不得以虚假、夸大宣传及其他违法违规行为欺骗、误导驾驶员从事网约车营运。"这里的"第三方经营合作商"类似于《南京市网络预约出租汽车平台公司线下服务能力评价指南》中的第三方线下管理方,在成都市网约车政策中具有与网约车平台公司共担包括安全管理在内的线下管理责任的地位。

基于上述认识,网约车线下运营服务公司在加强网约车安全标准建设中具有重要地位,但是现行的相关团体标准与企业标准其地位与作用是缺失的,这既与网约车行业线上线下业态适当分离的特性不合,在一定程度上也不利于网约车安全标准的科学制订。因此,有必要在交通主管部门政策支持下,将相关网约车安全标准建设充分纳入网约车线下运营服务公司,实现行业安全工作的齐抓共管。

6.3.2 网约车驾驶员安全教育缺乏工作规范

传统巡游出租车行业对于驾驶员从业资格管理实施继续教育制度,即驾驶员持有从业资格证期间必须接受一定学时的安全教育培训,才能保证从业资格持续有效。2016 年,《交通运输部关于修改〈出租汽车驾驶员从业资格管理规定〉的决定》(交通运输部令 2016 年第 63 号)规定"出租汽车驾驶员继续教育由出租汽车经营者组织实施""出租汽车驾驶员完成继续教育后,应当由出租汽车经营者向所在地出租汽车行政主管部门报备,出租汽车行政主管部门在出租汽车驾驶员从业资格证中予以记录",正式将出租汽车驾驶员(包括巡游车驾驶员和网约车驾驶员)继续教育职责划归出租汽车经营者,即网约车驾驶员安全教育实施主体为网约车平台企业。

网约车运营服务面临交通事故、司乘冲突、应急避险、社会稳定等复杂多样的安全风险,相应地,网约车驾驶员也必须接受对应的安全教育培训,提升驾驶员的安全意识、驾驶习惯、服务意识及职业素养。工作实践中,由于相关部门规章发布后,对应的继续教育大纲、学时规定及相关操作规范一直没有配套落地,网约车平台企业对驾驶员开展安全教育工作缺乏指导性规范依据,只能按照实际情况自行设计操作模式、学时分配、教育内容、质检机制等具体工作方案,通过企业安全监察、风险管控等方式,优化迭代驾驶员安全教育工作。与此同时,由于缺乏明确的工作规范指导依据,网约车平台企业驾驶员安全教育工作如何达到尽职尽责要求,履行行业管理部门的安全管理规定,在工作实践中也面临一定的分歧和争议。目前,滴滴出行发布了驾驶员安全教育培训企业标准,初步沉淀总结了平台工作模式做法,对规范驾驶员安全教育工作起到了一定的引领示范效应。

专家言:网约车驾驶员安全驾驶培训存在的问题与解决对策

——北京工业大学　伍毅平[①]

我国网约车驾驶员群体不断增大,车辆运营里程快速提升,成为城市交通运行的重要组成部分。由于车辆载客状态、行驶里程及时间、抢单数量等与驾驶员收益具有较大关联,网约车驾驶员超速、"三急"行为、疲劳驾驶、开车玩手机或打电话等风险驾驶行为较为频繁,对城市交通安全和有序运行带来较大威胁。

虽然网约车企业和平台具有开展驾驶员安全监管和培训的技术优势,但是目前安全驾驶培训的系统性、针对性和有效性均存在较大提升空间,实际培训效果并不理想。因此,如何科学开展网约车驾驶员安全驾驶监管,有针对性地进行安全驾驶培训,切实提升网约车驾驶员安全驾驶意识和技能,有效降低和规避风险驾驶行为,是当前网约车驾驶员安全驾驶培训面临的重要挑战。

一、现状问题

1. 安全驾驶普遍存在"重监测""轻管理"现象

目前网约车企业和平台在驾驶员驾驶行为数据采集和监测等方面具有较好的装备和技术支撑,可以较为方便地获取驾驶员个体属性和细粒度驾驶行为数据,对安全驾驶监管和培训具有积极支撑作用。然而,如何基于采集数据提炼驾驶行为特征,从而有效识别驾驶风险并开展针对性教育培训,仍缺乏科学有效的解决办法,进而导致安全驾驶监管和培训的精细化和有效性程度较为薄弱。与此同时,政府和行业对网约车驾驶员安全驾驶的监管力度还不够,也缺乏开展过程监管和风险防控的抓手。除此,网约车企业和平台对安全驾驶监管和培训的重视程度和力度也有待加强,安全驾驶培训并未真正成为企业和平台关心的核心内容。

2. 教育培训内容的针对性不强

虽然网约车平台为开展驾驶员安全驾驶监测和培训提供了较好的数据支撑和实施抓手,但当前安全驾驶培训均按照统一均态的模式开展,较少关注不同驾驶员在个体特性、风险特征、培训需求等方面的差异。不同驾驶个体在属性、

[①] 伍毅平,北京工业大学博士后,驾驶行为专家。

性格、驾驶风格、驾驶技能、信息偏好等方面均存在较大差异。因此，当前"广播式"的驾驶培训内容较难真正刺激到驾驶员的培训需求，导致驾驶员积极性不强、体验性差、接受和服从程度低，在很大程度上制约了安全驾驶培训效果。

3. 教育培训内容的触达渠道和方式较为单一

网约车驾驶员安全驾驶教育培训主要通过企业或平台管理系统进行信息推送，较传统的定期线下例会等方式具有更加灵活的优势。但当前有关安全驾驶培训并未区分线上、线下以及体验式培训等不同培训方式和手段的适应性和差异性，没有考虑不同安全驾驶培训内容和触达方式的匹配性，尚未达成线下线上培训的有机结合。因此，统一的信息推送模式较难真正引起驾驶员对培训内容的重点关注和认真学习，与预期的安全驾驶培训效果存在较大差距。

4. 尚未形成安全驾驶反馈优化的闭环结构

网约车驾驶员安全驾驶培训主要采用自上而下的信息推送模式，企业监管部门主要关注培训内容的下达，但较大程度上忽略了培训内容的实施效果和效果反馈。目前并未形成科学合理和稳定可靠的评估方法和反馈机制，没有建立形成涵盖行为特征、风险识别、培训教育、反馈优化的闭环机制，驾驶员风险驾驶行为的培训改善效果并不明确，导致网约车安全驾驶培训呈现"头重脚轻"的现象。

二、解决对策

1. 构建驾驶员"风险识别-教育培训-效果评估-反馈优化"的完整培训链路

明确驾驶员风险驾驶行为特征，进而有针对性地开展安全驾驶教育培训，体现不同驾驶个体差异化培训需求，是保证网约车驾驶员安全驾驶培训效果的核心。借助网约车数据感知和管理平台，建立形成以数据驱动为导向的网约车驾驶员安全驾驶培训体系，构建面向不同驾驶个体"特征-培训-评估-优化"全生命周期和要素的安全驾驶培训档案，并注重培训效果的长效性，是提升网约车驾驶员安全驾驶培训效果的基础。

2. 提升风险驾驶行为特征与培训"解法"的匹配性

有效提升安全驾驶培训效果，驾驶员不仅需要知道自身驾驶行为的风险特征，还需知道行为风险对应的安全驾驶操作方法。一方面，需要利用行为数据对驾驶个体风险行为特征进行精准画像，提升培训对象及其风险驾驶行为培训的针对性；另一方面，注重安全驾驶行为的理论研究和经验总结，提炼形成风险驾驶行为对应的科学"解法"，不仅告知驾驶员有哪些风险驾驶行为，更要告知驾驶员如何改善和规避风险驾驶行为。

3. 构建多样化的培训工具集

明确现场教育、线上推送、沉浸体验等不同培训方式的特点和优势，结合不同培训内容的操作特征和体验要求，建立不同培训方式协同互补的培训工具集。同时，充分借助平台和新媒体信息传播优势，将安全驾驶教育培训内容转化为培训长图、宣传视频、考试题库、竞技游戏等多种参与性强、趣味性高、惠及面广的培训形式，形成与培训内容相对应的多样化触达渠道，提升培训的刺激效果。

4. 建立面向"千人千面"的个性化培训模式

在传统一均态培训模式的基础上，需充分考虑不同驾驶员在个体属性、驾驶技能、信息偏好等方面存在的个体差异特性，在明确不同驾驶个体风险行为特征和培训需求的基础上，将安全驾驶培训内容转化为不同驾驶员更易接受和服从的培训模式。以驾驶员个体特征为输入，多维培训工具集为抓手，建立匹配涵盖驾驶员特征、培训内容、培训时机、培训方式的培训词典，构建形成千人千面的培训教育模式，能够有效改善安全驾驶培训效果。

5. 建立和完善安全驾驶考核与管理制度

一方面，加强政府及行业监管力度，引导网约车公司和平台注重驾驶员安全驾驶教育和培训工作。另一方面，企业应将安全驾驶水平作为平台考核驾驶员的重要内容，将安全驾驶水平考核结果与驾驶员信誉、驾驶员形象、派单任务等相结合，实现安全驾驶行为与驾驶员收益挂钩，真正激励网约车驾驶员核心利益，促使减少风险驾驶行为发生比例，有效提升安全驾驶行为水平。

三、总结

网约车驾驶员安全驾驶培训是一项系统工作，需要政府、行业、企业、平台、驾驶员以及乘客的共同参与。以网约车行业特征、驾驶员个体特性和驾驶行为特征为切入，充分借助"互联网+"等新兴技术对驾驶员监测和管理带来的变革，寻找并建立政府引导、行业监管、企业负责、驾驶员遵守、乘客评价监督的完整链路，形成不同参与主体各司其职、各尽其力的模式，是提升网约车驾驶员安全驾驶水平的有效解决办法。

6.3.3　从事前事后向事中风险干预转变

2018年5月,交通运输部等七部门联合印发《关于加强网络预约出租汽车行业事中事后联合监管有关工作的通知》,要求建立健全联合监管工作机制,共同推动网约车行业健康发展。对比传统巡游出租车行业与平台模式的网约车行业发现,由于巡游出租车驾驶员运营服务过程缺乏实时监控,单兵作战模式决定了无法深入事中安全风险干预,其安全管理模式更侧重于事前安全培训和事后处罚处理,管理效能受到局限,安全风险干预不足。对应的传统安全管理模式所包含的建章立制、工作台账、安全培训、违章处罚、事故处罚等具体管理措施,基本属于静态管理模式,注重事前、事后环节,缺乏对应运营服务过程的事中风险干预要求,配套的安全管理规范标准以及方式方法基本处于空白状态。

与此同时,基于大数据和平台模式的网约车平台企业恰恰擅长对运营服务过程中的监测感知能力,围绕轨迹信息、驾驶行为特征、乘客评价等感知能力和实时播报、教育拦截、人工介入等干预能力所构建的事中安全风险监测预警及干预管控体系,快速迭代、沉淀了一系列行之有效的经验方法和产品技术能力。走访调研发现,无论是网约车平台企业安全管理人员,还是行业专家学者,均对事中安全风险实时监测干预模式表达了充分的信心,认为这种安全预防思路具备较大的发展空间,也代表了未来出租汽车行业乃至城市客运领域的安全管理发展趋势。

6.4　社会舆情与安全感知需要强化

6.4.1　媒体报道吸引眼球属性放大安全事件

网约车作为近几年流行的出行方式,备受瞩目,公众对其关注量极大,媒体对网约车相关安全事件的关注程度和报道数量也显著高于其他交通方式。这一定程度导致了社会公众对网约车出行方式的危险性产生过高的心理估计,从而导致了社会舆论对网约车安全发展过程的漠视,这种现象在社会心理学中也称作"晕轮效应"。网约车行业作为交通运输新业态,出现负面事件时更容易引起公众关注,也有部分自媒体借机蹭热度,导致社会舆情与司乘实际安全感知存在偏差,不利于网约车的长远发展。

2019年3月,媒体对"321广州女乘客乘出租车遇害""324常德网约车驾驶员遇害"两起事件的报道呈现明显的两极分化。据人民网舆情数据中心统计,截至3月27日12时,"324常德网约车驾驶员遇害"事件各渠道传播总量达到18138篇,是"321广州女乘客乘出租车遇害"事件传播量的10倍以上。这些数据表明,各类媒体对于网约车等新业态的关注程度更高,更容易将公众的注意力吸引至新业态,从而影响公众乃至监管层面对于网约车安全水平的客观认知。

2020年6月11日发生的"网约车驾驶员性侵直播"事件(实为夫妻二人以网约车驾驶员迷奸女乘客为噱头,公开进行色情表演)在网络上快速传播,一度霸占热搜,在警方调查结果出来之前,不知情的群众疯狂抨击滴滴,滴滴驾驶员被严重"污名化"。

6.4.2 网约车司乘实际安全感提升

媒体为吸引眼球获得流量,往往热衷于报道网约车的个案。然而,用户对网约车服务的安全感知在持续好转。根据 2019 年 12 月极光大数据发布的《网约车出行安全用户信心研究报告》研究了乘客对网约车出行安全态度的转变,具体如图 6-1 至图 6-4 所示。从乘客角度而言,过去一年超五成用户认为网约车安全性有明显好转。从驾驶员角度而言,过去一年超八成驾驶员认为网约车出行安全好转。

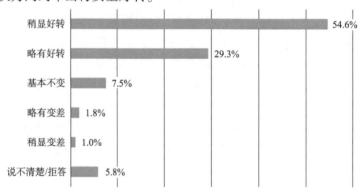

图 6-1 乘客安全感知变化情况

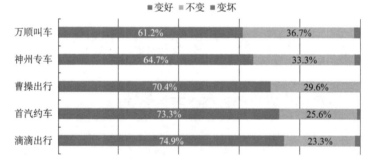

图 6-2 乘客对各平台公司安全感知变化情况

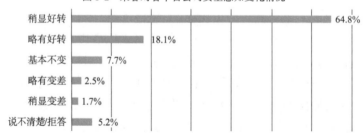

图 6-3 驾驶员安全感知变化情况

根据南都大数据研究院企业声誉研究中心监测,随着网约车企业安全整改措施不断落实,2018 年第四季度开始网约车行业声誉呈回暖态势,2019 年第二季度行业整体声誉值相比 2018 年第三季度明显提高。其中,滴滴出行安全整改措施涉及领域广泛,效果及声誉提振最为明显,其在 2019 年第三季度的声誉值相比于 2018 年第三季度平均涨幅接近 3%,在密集整改的 2018 年第四季度,声誉值上涨速度最快并在此时达到近一年来的声誉峰值,平均涨幅接近5%。具体变化如图6-5所示。

图6-4 驾驶员对各平台公司安全感知变化情况

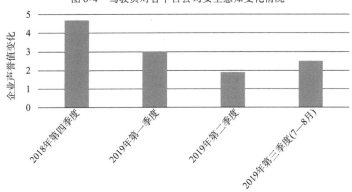

图6-5 网约车行业声誉值回暖趋势图(以2018年第三季度8—9月为基准)

6.5 新兴模式相关研究滞后

6.5.1 零工模式安全保障问题

零工经济一词于2008年国际金融危机期间开始流行,大量失业人群希望通过临时性工作来补充收入来源,Airbnb、Uber等匹配临时服务供求的科技平台应运而生。一般情况下,零工经济由零工工作者、平台和服务接受者三部分构成,互联网科技和移动终端的快速发展创造了强大的平台,显著提高了临时性工作的分配效率,扩大了零工经济的受众和规模。然而,零工经济在快速发展中,也面临员工管理、劳务纠纷等问题。各国普遍缺乏对零工工作者劳动权益保障的相关规定,零工工作者和企业之间也没有正式长期雇佣合同,因而其最低工资、加班费、各类保险等缺乏有效保障。

美国加州公共事业委员会于2020年6月9日正式裁定,将正式将Uber和Lyft等公司的驾驶员视为雇员,这一决定符合该州新颁布的AB5法律。同样是Uber案件,2013年Uber驾驶员奥康纳等近16万人将Uber诉讼至加州法院,主张确认驾驶员是Uber的员工,并主张Uber应按照雇佣法的规定提供其应享有的保险等权利待遇,并要求其有成立工会的相关权利。最后该案以和解息诉,Uber公司选择通过同意给付赔偿和调整运作模式以避免可能出现的不利判决。

由于网约车用工模式的多元化,使驾驶员对工作时长有一定自主性,且驾驶员可在不同网约车平台公司进行经营,会出现"一人多单位"的灵活就业现象。简单地将驾驶员视为平台公司的雇员来提供安全保障,对平台公司是极大负担,不利于零工经济的发展。因此,建议从法律层面定义新的灵活就业范围,从地方劳动登记监管、失业管理和保障、工伤保障以及职业培训体系等,对灵活就业做出相应规定;进一步完善灵活就业保障,尤其是完善灵活就业者的职业社会保险制度,进一步完善灵活就业的失业保障,尽快设计适合这一群体的失业保险模式;探索完善灵活就业保障与城镇职工保险的衔接,打通制度障碍,进一步提升就业灵活度、劳动力市场灵活性。

6.5.2 分时营运创新车险问题

网约车在颠覆传统模式、引领全新经济理念的同时,引发了保险方面问题的热议,如何为网约车提供无缝隙保险,化解道路交通事故中可能存在的风险成为各界关注的现实课题。虽然我国网约车已获得合法地位,但其保险法制尚不完备,难以有效保障驾驶员、乘客与第三人的合法权益。实践中,我国网约车保险处于立法粗疏、监管乏力、裁判摇摆、投保消极和险种匮乏的困境之中,形成了严重危及客运安全的保险真空。

网约车是共享经济在交通领域的典型代表,具有"分时运营"属性,存在大量兼职驾驶员,业余时间通过从事网约车补贴家用。由于兼职驾驶员通过网约车获得的收入较低,无力也无意愿承担营运车辆保险的保费,因此其车险仍为私家车险。若按私家车投保,由于网约车风险高于私家车,造成保险公司成本增加,长此以往将会造成保险公司拒赔风险,也无法给驾驶员、乘客和三者提供充分保障。实践表明,网约车由于"分时运营"的兼职属性,传统车险并不能很好适应网约车新业态,急需在网约车保险领域开展探索创新。

国外网约车起步较早,其保险方式相对成熟,有许多可借鉴之处:(1)网约车平台必须强制要求车主购买相关保险,在网约车车辆进入市场之前,网约车平台须先审核车辆是否按照要求进行投保,如果不符合投保标准,网约车平台则有权拒绝车辆进入市场提供服务;(2)网约车平台对运行的车辆购买特定的责任限额保险,美国和英国都要求网约车平台为提供服务的车辆和驾驶员购买一定数额的商业保险,我国的网约车行业也可以要求平台购买特定的责任限额保险,维护受害方的权益;(3)明确网约车保险的保险范围,美国法律规定网约车运行的保险范围有人身意外险、第三人责任险以及基础的商业保险或补充保险,而英国的保险范围则更加具体,我国也可以结合具体实际,划定明确的保险范围;(4)实行网约车分段投保,在网约车的非运营模式下,执行私家车保险,在进入运营模式时,执行网约车保险及约车平台补充的双重保险。

为此,建议开展针对网约车"分时运营"特点的车辆保险。加强网约车行业和保险行业的协同合作,开展网约车保险研究,共创网约车保险方案。在管理部门指导下,加强网约车行业和保险行业数据对接,开展网约车保险创新。

6.5.3 聚合模式责任边界问题

2017年7月,从高德地图试水聚合模式起,百度地图、哈啰出行、美团打车、掌上高铁、滴滴以及携程等平台,陆续采用了聚合模式。这一模式之所以受到青睐有三方面原因,对平台企业而言,可以在无须自建车队的情况下补充合规运力;对网约车服务商而言,能够以更低的获客成本进行业务和市场拓展,对整个行业而言,能够更好地提升服务的专业化、精细化水平。目前,国内已经存在多个平台采取聚合模式,基于用户导航查询过程中的出行需求,推荐多种网约车出行服务。与此同时,聚合模式下也出现乘客投诉被互相推诿扯皮,各方的责、权、利关系不清,乘客合法权益缺乏保障,为行业带来了新的挑战。

(1)为政府监管提出了更多的挑战。政府在监管要素方面,政府主管部门不能寄希望于聚合平台来进行行业管理,政府职责不能由企业行使。专家建议,政府主管部门负责市场要素(营运资质、驾驶员、车辆)的准入,聚合平台审核并确保承运人的合法性,承运人负责车辆和驾驶员的合法性。在对网约车运力的控制方面。政府主管部门如果对网约车运力不进行控制,就可能出现运力过剩,进而引发社会的不稳定。政府主管部门如果对运力完全收紧,则有可能导致网约车行业走向巡游车发展模式。

(2)为聚合平台的企业属性的确定带来困扰。目前,对于聚合平台认同的是中间人属性,主要是进行信息撮合服务。但从聚合平台的实际运营角度来看,聚合平台提供的不单单是信息撮合服务:首先,聚合平台在选择其接入的网约车承运企业时,不仅仅会考虑资质的问题,还会考量其安全处置能力、客服能力、应急处置能力等。其次,出于对乘客负责任的态度,聚合平台会设置客户服务部门,这不是中间人的做法。再者,政府主管部门对聚合平台的要求,要远远超过中间人的责任。

(3)聚合平台、网约车实际承运主体的收益分配问题。目前来看,聚合平台提供信息撮合服务,收取信息服务费。但是,聚合平台认为,其提供的服务不仅仅是信息撮合,还提供路线规划、客户服务等功能。这种运输服务业务能力的建设,也付出了巨大的成本,需要回报收益。这就需要聚合平台与网约车实际承运主体重新进行效益分配,并且将规则透明化。

结 束 语

网约车发展至今,已有十年,经历了快速成长的"短跑"阶段,也因安全问题,成为社会热点议题。在政府、企业和公众共同参与和推动下,网约车行业正在转型升级,逐步进入安全第一、体验至上的"长跑"赛道。

在本报告中,我们剖析了网约车的发展背景以及安全发展历程,通过调研主流网约车平台企业,开展深入座谈,总结了典型网约车企业安全工作实践,以便行业借鉴和社会公众加深了解;结合企业安全工作实践,通过专家约稿与研讨会的形式,深入讨论网约车安全发展存在的主要挑战和机遇,并提出了我国网约车安全发展的若干问题,供行业、政府及公众参考。

在本报告编制过程中,非常感谢滴滴出行、神州专车、T3出行、巴士管家、欧了出行等企业的高度配合,提供企业工作实践、安全数据等资料,并提出有建设性的建议,丰富了本报告的内容;也非常感谢国家信息中心、北京市交通委员会、湖北交通运输厅道路运输管理局、交通运输部公路科学研究院、中国政法大学、中南大学、世界资源研究所、北京市交通发展研究院等单位专家们积极建言献策,从专业角度提出修改建议,并发表专业观点。相信在政府、企业和公众的共同发力下,网约车行业安全发展面临的问题将逐步解决,安全管理水平逐年提升,推动网约车行业安全健康发展。

附　　录

Ⅰ　网约车行业安全健康发展话题分析

利用 TF-IDF 算法、LDA 主题模型训练等方法对 1088 篇资料进行处理,分析网约车行业安全健康发展所关注的话题。

首先,对数据进行结构化和清理。对资料摘要进行分词,并通过停用词表对所有资料的摘要进行清理,去除无实际意义的连词、序数词等;利用 TF-IDF 算法提取出能够反映某篇论文特征的准确词汇,构建最终的语料库。

TF-IDF 是一种统计方法,用于评估一个单词对一个文档集或语料库中的一个文档的重要性。TF-IDF 的主要思想是,如果一个词在一篇文章中出现频率高,而在其他文章中很少出现,则认为该单词或短语具有良好的分类能力,适合进行分类。一个词的重要性随着它在文档中出现的次数的增加而增加,同时随着它在语料库中出现的次数的增加而降低。

在给定文档中,词频(TF)是指给定单词在文档中出现的频率,可以表示为:

$$TF_{(i,j)} = \frac{c_{(i,j)}}{\sum_{i=1}^{n} c_{(i,j)}} \tag{附-1}$$

式中:$TF_{(i,j)}$——摘要 i 中 j 词的词频;

$c_{(i,j)}$——在摘要 i 中出现的次数;n 为摘要的总数。

反文档频率(IDF)是一个衡量单词普遍重要性的指标,将文件总数除以包含该单词的文件数,再求以 10 为底数的对数:

$$IDF_j = \lg \frac{n}{N(t_j \in d_i)} \tag{附-2}$$

式中:IDF_j——第 j 个词的反向文档频率;

d_i——指包含单词 j 的文档编号。

其次,对语料库中的词语进行 LDA 主题模型训练,确定最佳主题数量和主题分类以及主题关键词。训练之前,对多组话题进行相似性检验,确定最佳主题数量。余弦相似度(CS)是通过向量空间中两个向量夹角的余弦值来度量两个个体之间的差异,可以表示为:

$$CS_{i,j} = \frac{word\_vec_i * word\_vec_j}{|word\_vec_i| \times |word\_vec_j|} \tag{附-3}$$

$$CS = \frac{\sum_{i=1}^{N} \sum_{j=1}^{N} CS_{i,j}}{N^2} \tag{附-4}$$

式中:$word\_vec_i$——主题 i 的词频向量;

$CS_{i,j}$——主题 i 与主题 j 的余弦相似度;

N——总主题数。

余弦相似度值在 0~1 之间,且余弦值接近于 1,说明两个向量越相似。从附图-1 可看出,当主题分类数量为 8 时,余弦相似度低于 0.15,且当话题数量大于 8 之后余弦相似度下降幅度显著放缓,因此确定最佳话题数量为 8。

通过 LDA 主题模型对语料库进行训练,确定 8 类主题各自的关键词向量,并通过相关性检验分析模型训练效果,确定各话题关键词之间的可区分性。由附图-2 可看出,不同话题关键词向量之间呈现弱相关或不相关关系。最终模型分类结果见附表-1。

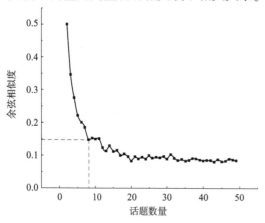

附图-1 不同话题数量下的余弦相似度　　　　附图-2 模型关键词序列相关系数

主题模型分类关键词　　　　　　　　　　　　　　附表-1

话题	关　键　词				
话题 1	新政策(0.022)	交通运输(0.020)	国家(0.019)	释放(0.016)	选择(0.015)
话题 8	方法(0.010)	经验(0.009)	合作(0.008)	原则(0.008)	发展 0.007
话题 4	企业(0.015)	致因(0.013)	风险(0.013)	在线预约(0.013)	随机产生(0.012)
话题 7	认定(0.013)	错误(0.011)	承担责任(0.011)	事故(0.010)	界定(0.010)
话题 2	控制(0.014)	管理(0.013)	检验(0.010)	垄断(0.009)	水平(0.009)
话题 3	要素(0.014)	生命(0.013)	模式(0.012)	用户(0.010)	改进(0.009)
话题 5	原因(0.011)	运营(0.009)	企业(0.009)	活力(0.008)	过失(0.008)
话题 6	梳理(0.009)	公共政策(0.008)	博弈理论(0.007)	案例(0.007)	模式(0.007)

国家政策背景是保障网约车安全发展的基础(话题 1),而总结经验,相互合作,是实现网约车安全发展的必经之路(话题 2)。网约车服务的迅速扩张可能是由于网约车经营者愿意在一些不受监管的市场或灰色监管领域的法律之外运作。然而,2016 年网约车服务在中国合法化,地方政府已经对驾驶员、网约车平台制订了详细而严格的规定,以降低安全风险,疯狂增长的势头得到有效遏制,网约车服务逐渐由量的发展转变为质的发展,不断提升服务质量。但依靠某个地区、某一个平台公司的力量,必然是不够的,需要不同地区政府、不同行业、不同经营者互相合作与共享,才能促进网约车行业安全健康成长。

网约车安全发展亟需化解当前争议,突破当前困境(话题 3),而正视和明确参与者之间的法律关系是解决问题的根本(话题 4)。由于前期发展快、社会影响力高,网约车行业的公众舆论关注度较高,给行业发展带来一定热度的同时,也为行业安全健康带来一定阻碍。最高人民法院发布的司法大数据专题报告《网络约车与传统出租车服务过程中犯罪情况》表明,目前国内网约车的安全性高于传统出租车,但实际上网约车负面舆情更多。明确网约车各参与者之间的法律关系,尤其是在事故中的责任划分,能为网约车乘客、驾驶员以及平台公司提供基本的、全面的法律保护,是化解争议、突破困境的关键。

宏观层面有效的监管措施能提高网约车安全水平(话题5),学术研究为优化网约车服务安全发展提供具体方法和途径(话题6)。从宏观上看,在过去的几年里,滴滴在运力规模方面拥有无可比拟的优势,随着资金的扩张,滴滴仍然占据着市场的主导地位。政府出台了规范网约车服务的新政策,对新的经营者有一定力度的扶持,促进了网约车服务的良性竞争,提高了服务质量和安全水平,对于乘客而言,也将有更多的出行选择。然而,从研究层面,切合实际分析现实生活中网约车安全发展影响因素,并通过构建网约车安全及其影响因素的研究模型,才能具体指导网约车服务优化升级。

网约车行业应对自身生产活动负责(话题7),牢牢把握在整个运输领域的竞争优势(话题8)。网约车服务因其高效率、可靠性和低运营成本而广受好评,与公共交通形成了激烈的竞争关系。然而,网约车出行的各种风险(如功能风险、时间风险、物理风险、财务风险)对用户继续使用网约车服务的意愿有负面影响。2018年网约车恶性事件发生的关键原因在于,网约车平台的政策执行力度存在欠缺。由此可见,尽管政府出台各类政策,但各个网约车企业安全自律程度如何并未有切实核查,导致了网约车服务的风评欠佳。经营者应把握好网约车的优势,严格把控其短处,进一步提升网约车的服务规模和质量。

Ⅱ 网约车乘客安全满意度调查问卷及结果分析

网约车乘客安全满意度调查问卷

尊敬的先生/女士:

您好,感谢您在百忙之中填写这份问卷。网约车成为当下公众出行方式的主要选择之一,但在为大众生活提供便利的同时,也给乘客的生命财产带来了安全隐患,近两年的网约车安全事故频发,更是将网约车安全问题推到风口浪尖,网约车安全运营改革势在必行。因此,我们希望通过此问卷了解您对网约车安全运营的看法,探究合理的安全运营规则,更好地保障您的出行安全,共创安全出行环境。

您的回答对我们的研究非常宝贵,恳请您耐心地花费大约5分钟时间,帮助我们完成这份问卷,感谢您的支持!

一、您的基本资料

1. 您的性别
□男　　　　　　　　□女

2. 您的年龄
□18—29周岁　　　□30—39周岁　　　□40—49周岁　　　□50周岁以上

3. 您的学历
□初中及以下　　　□高中/职高/中专　□大专/本科　　　□硕士及以上

4. 您的职业
□公务员(事业单位) □公司职员 □个体经营者 □在校学生

二、您使用网约车的基本情况

1. 您是否使用过网约车出行
□是 □否

2. 您乘坐网约车的时间
□小于1个月 □1—6个月 □6—12个月 □1年以上

3. 您每月使用网约车的频率
□1次以下 □1—5次 □6—10次 □10次以上

4. 您使用过哪家公司的网约车(可多选)
□滴滴 □曹操 □神州 □首汽
□易到 □嘀嗒 □AA租车 □美团打车
□其他公司

三、网约车乘客安全满意度测评表(见附表-2,请根据您的乘车经历,在您认为合适的选项上打√,1-5表示"非常不同意"到"非常同意")

网约车乘客安全满意度测评表　　　　　　　　　附表-2

变量		题号	具体事项	非常不同意	不同意	一般	同意	非常同意
乘客期望		1	网约车企业安全规范生产	1	2	3	4	5
		2	网约车App产品的安全功能	1	2	3	4	5
		3	网约车驾驶员个人素养	1	2	3	4	5
		4	网约车企业安全事件处置时效性	1	2	3	4	5
		5	网约车企业投保相关保险	1	2	3	4	5
安全性	行程前	6	我认为网约车成立专门的安全管理机构十分必要	1	2	3	4	5
		7	我认为网约车企业内部日常安全会议制度十分必要	1	2	3	4	5
		8	我认为网约车企业安全生产责任制度十分必要	1	2	3	4	5
		9	我认为平台对网约车驾驶员进行背景审查十分必要	1	2	3	4	5
		10	我认为平台对网约车驾驶员进行安全教育十分必要	1	2	3	4	5
		11	我认为平台App显示驾驶员和车辆的信息十分必要	1	2	3	4	5
		12	我认为平台App紧急联系人功能十分必要	1	2	3	4	5

续上表

变量		题号	具体事项	非常不同意	不同意	一般	同意	非常同意
安全性	行程前	13	我认为平台App醉酒报备功能十分必要	1	2	3	4	5
		14	我认为平台App人脸识别功能十分必要	1	2	3	4	5
		15	我认为平台App提醒驾驶员防疲劳驾驶十分必要	1	2	3	4	5
		16	我认为平台对驾驶员与车辆进行一致性审查十分必要	1	2	3	4	5
	行程中	17	我认为平台App行程共享功能十分必要	1	2	3	4	5
		18	我认为平台App110报警功能十分必要	1	2	3	4	5
		19	我认为平台App行程录音功能十分必要	1	2	3	4	5
		20	我认为平台App电话号码保护功能十分必要	1	2	3	4	5
		21	我认为平台App的车辆路线偏移、异常停留预警功能十分必要	1	2	3	4	5
		22	我认为平台App的未成年人安全提醒功能十分必要	1	2	3	4	5
		23	我认为平台App的"系好安全带"提醒功能十分必要	1	2	3	4	5
		24	我认为平台App的乘客选择路线功能十分必要	1	2	3	4	5
	行程后	25	我认为平台App驾驶员评价功能十分必要	1	2	3	4	5
		26	我认为平台App的公众沟通评议功能十分必要	1	2	3	4	5
		27	我认为平台App的司乘"黑名单"功能,允许司乘双方拉黑对方十分必要	1	2	3	4	5
		28	我认为平台App匿名举报功能十分必要	1	2	3	4	5

续上表

变量	题号	具体事项	非常不同意	不同意	一般	同意	非常同意
乘客满意度	29	我对自己所用的平台App界面设计很满意	1	2	3	4	5
	30	我对自己所用的平台App安全功能很满意	1	2	3	4	5
	31	我对自己常用的网约车服务很满意	1	2	3	4	5
	32	我对自己常用的网约车驾驶员很满意	1	2	3	4	5
	33	我对自己常用的网约车车辆很满意	1	2	3	4	5
乘客抱怨	34	乘车服务过程中感觉不满,我会向驾驶员抱怨	1	2	3	4	5
	35	行程后我会在平台App在线评价功能上说明自己不满意的地方和改进意见	1	2	3	4	5
	36	乘车服务感到极度不满,我会匿名举报驾驶员并将其拉进黑名单	1	2	3	4	5
乘客忠诚	37	在没有补贴和优惠情况下,我愿意继续乘坐网约车	1	2	3	4	5
	38	我愿意推荐身边的人乘坐网约车	1	2	3	4	5

四、开放态度题

1. 您认为网约车还存在哪些安全隐患问题需要改进?

_____

2. 您认为政府在管理网约车安全方面,可采取哪些举措?

_____

网约车乘客安全满意度调查结果分析

(1)乘客基本信息统计分析。

从性别分布来看(附表-3),男性在本次调研样本的占比为62.37%,高于女性的37.73%,反映出乘坐网约车的群体大部分为男性。从年龄分布来看,受访者年龄分布在30—39周岁的人数最多,达到2377人,占比50.61%;年龄分布在18—29周岁区间的人数次之,达到1842人,占比39.22%;50周岁以上的人数最少,反映出网约车乘客呈现年龄化,青年乘客占比最大。从学历分布来看,受访者群体的学历主要是在高中/职高/中专以上,其中大专/本科的人数最多,占比为58.02%,高中/职高/中专学历的人数次之,占比为30.25%,硕士及以上学历占比为7.56%,反映出网约车乘客整体受教育程度良好。从职业分布来看,公司职员人数最多,占比为47.58%,其次为个体经营者,占比为23.93%,表明网约车乘客多数是公司职员和个体经营者。

受访者的基本信息　　　　　　　　　　　　　　附表-3

统计变量	选项	频数	百分比(%)
性别	男	2925	62.27
	女	1772	37.73
年龄	18—29周岁	1842	39.22
	30—39周岁	2377	50.61
	40—49周岁	448	9.54
	50周岁以上	30	0.64
学历	初中及以下	196	4.17
	高中/职高/中专	1421	30.25
	大专/本科	2725	58.02
	硕士及以上	355	7.56
职业	公务员(事业单位)	639	13.6
	公司职员	2235	47.58
	个体经营者	1124	23.93
	在校学生	699	14.88

(2)网约车使用现状。

从网约车每月使用频率分布来看(附图-3),网约车每月使用次数在1~5次占比最大,为56.69%,使用次数在6~10次排第二,占比为26.17%,10次以上的比例为10.28%,表明大多数每月乘坐网约车出行的频率较高。

从不同年龄网约车用户使用频数分布来看(附图-4),在30—39周岁和40—49周岁用户中,均有40%的用户每月使用网约车次数超过6次,而在50周岁以上用户中这一比例为30%,可认为对移动互联网和智能手机的不熟悉导致了年龄较高的用户使用网约车出行频次较低。

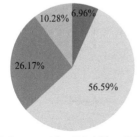

附图-3　网约车使用频率统计图

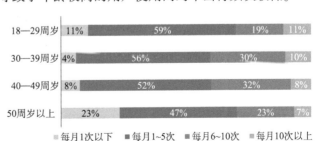

附图-4　网约车使用频率与年龄交叉分析图

从不同职业网约车用户使用频数分布来看（附图-5），公务员（事业单位）每月使用网约车超过6次以上的占比最大，为44%；其次为个体经营者占比40%；最小比例为在校学生23%，表明网约车用户的职业呈现结构化，需求群体大多数为社会工作人员。

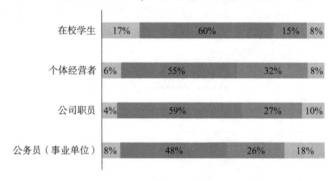

附图-5 网约车使用频率与用户职业交叉分析图

从网约车平台种类来看（附图-6），使用滴滴出行的人数最多，占比76.75%，美团打车次之，占比31.71%，第三为神州租车，占比30.41%。

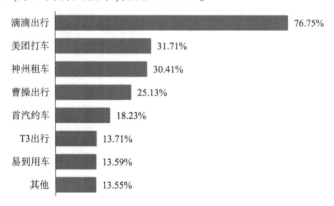

附图-6 调研样本中平台使用占比分析

整体进行职业与网约车品牌使用状况交叉分析（附图-7），公务员（事业单位）、公司职员和个体经营者等社会工作人员对同一种网约车平台的选择差异不大，而在校学生与上述三种职业的差异较大。同时在校学生选择滴滴出行的占比最大，达到92.99%，选择其他网约车平台出行的比例较低。

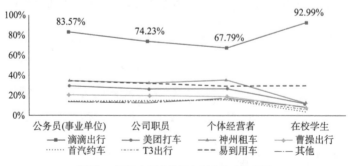

附图-7 网约车平台使用与职业交叉分析图

Ⅲ 开放式编码

本报告基于扎根理论开展了访谈工作,具体记录及编码过程如附表-4所示。

访谈内容及编码过程　　　　　　　　　　　附表-4

访谈记录	概念化	副范畴
其他责任不好说,但网约车暂行管理办法中明确提到平台要承担承运人责任	承担承运人责任	安全生产责任
平台有义务做好驾驶员的安全保障,毕竟是通过平台派单,否则也不会发生安全事故	承担驾驶员权益保护责任	
对于乘客伤亡事件,平台应承担相应责任,补贴、赔偿肯定少不了	承担乘客伤亡的损害赔偿责任	
平台有责任保障服务运营过程中乘客及其随身物品的安全性和完整性	承担乘客自带物品损毁或灭失的过失赔偿责任	
平台只承担承运人责任还不够,应该尽快明确企业所需承担的责任	明确企业安全职责规范	
通过设定安全目标,将安全绩效纳入管理者绩效考核体系,加强管理者对安全管理的重视	设置安全绩效,明确安全目标	
平台有权为车主购买承运人责任险或由车主承担费用	购买承运人责任险	购置保险责任
平台或者车主购买第三者责任险或者意外险,可以减少事故发生后的损失	购买第三者责任险	
聚合平台叫车是否有足够的安全措施,平台责任如何划分,这些其实尚未厘清	厘清聚合模式责任划分	聚合平台保障责任
聚合模式相比网约车自营更容易发生司乘责任归属问题,要梳理清楚问题的本质	梳理安全责任归属	
除了解决运力紧张以外,网约车该有的问题,聚合模式下或许问题并不会少,搞不好由于"多边"而令问题更为复杂化	划清平台间责任边界	
每一个驾驶员有相同的机会接单,平台不能搞接刷单的小把戏,应保证派单的公平性	强化派单公平性	综合治理主体责任
平台既然要抽成,就要把抽成的程度、金额有所明确,不能暗自操作啊	建立收入透明稳定的公平收入机制	
为提高驾驶员的积极性,加强驾驶员的权益保障,平台可以设立奖励制度,但不能出现恶性竞争	丰富驾驶员基础权益和权益奖励	
只有加强与驾驶员的沟通,了解驾驶员所面临的问题,听取驾驶员意见,才能使平台更好运行	增加驾驶员反馈渠道	社会稳定责任
平台承担在社会上的责任,要做好各方的统一协调,做好社会综合治理	落实社会治安综合治理主体责任	

续上表

访谈记录	概念化	副范畴
定期对员工进行法律意识培训,可以形成良好的法律意识	建立法律法规识别机制	安全生产管理制度
科学制订每年的法律宣传计划、教育计划,以此来督促企业员工	制订年度普法宣传和教育计划	
公司要想安全运营,安全管理制度是必不可少的	建立平台的安全管理工作规定制度	
发生任何安全事件,员工一定要及时汇报,加快应急响应时间	建立安全事件报备制度	
定期对公司安全隐患进行排查,做好应对方案	制订安全风险应对方案	
公司肯定会投入大量的资金,对整个安全进行监管,当然也要对平台花费的每一笔钱负责	建立安全经费投入预算机制	
对管理者的安全管理建立奖惩制度,加大管理者的安全管理意识,提高安全素养	建立安全考核与奖惩制度	
明确平台为保障安全所投入的资金、人力、物力等,建立相关制度	建立安全投入保障制度	
定期对驾驶员和员工进行培训,以提高驾驶员的安全行车意识以及员工的安全管理能力	建立驾驶员、员工等多方安全培训制度	参与主体管理制度
明确驾驶员的准入条件,并严格执行,排除违法犯罪人员进入网约车行业,拒绝打"擦边球"	建立驾驶员准入管理制度	
车辆成为网约车之前通过平台的安全检查,符合车辆条件,取得车证才可以运营	建立车辆准入管理制度	
平台公开明确对驾驶员的奖惩措施,对于不符合驾驶员准入条件的驾驶员及时清退	建立驾驶员退出与清退制度	
不管是平台还是驾驶员,要定期对车辆进行核查,对于不符合要求的车辆及时清退	建立车辆退出与清退制度	
为应对突发紧急事件时做到有条不紊,平台应建立健全突发事件应急处置制度	建立突发事件应急处置制度	公共安全监管制度
平台在处理事故后要形成事故处理报告,做到事故处理留痕	建立事故报告调查处理制度	
平台需定期进行安全事故排查,排除隐患,将危险程度降到最低	建立隐患排查与治理制度	
当前公众最关心的就是公共安全事件,所以要加强对公共安全事件的管理,明确处置流程	建立公共事件处置制度	
一定要避免此前事故中客服的错误,提高客服投诉响应效率,建立客服投诉响应通道	建立客服安全事件投诉响应制度	

续上表

访谈记录	概念化	副范畴
作为互联网平台,在建设初期就要搭建完整的网络信息安全管理组织架构	搭建信息网络安全管理组织架构	信息安全管理制度
公司不仅要搭建完整的网络信息安全管理组织架构,同时建立相应的信息网络安全管理制度体系,每个人严格遵守管理制度	建立信息网络安全管理制度体系	
社会舆论会对行业有各种正负影响,所以对公司网络舆论的监督可以更好地对安全做出响应	建立网络舆情监测机制	
公司拥有着大量的数据,一旦泄露后果不堪设想,所以明确员工对数据安全管理的责任	建立数据安全管理责任	
为保证用户信息不泄露,明确对保护信息安全的主体责任,并对敏感信息进行分级管控	落实信息安全责任	
企业投入的安全成本增加,规模增加,客服资源的投入自然也会增加,客服效率也就提高了	加大客服资源投入	线上安全管理机构
为保证公司各项安全工作的稳定运营,设立应急响应部门和团队,负责对安全事件进行处理	成立应急响应机构	
网约车有自身的管理特点,有了线上的管理机构,就可以对驾驶员、车辆进行动、静的监控	成立线上专职安全管理机构	
为确保安全投诉的时效性,平台应单独成立安全投诉客服专组	成立安全投诉客服专组	
平台要具备完整的组织架构,具备安全响应中心、服务响应中心、运营管理中心	优化企业组织架构	
平台要成立跨部门的专家小组,对重点安全问题的处置流程进一步敲定、修正	集中资源优化重点安全问题	
对庞大的车辆和驾驶员群体监控,就需要搭建系统平台,动态监控,快速识别事件	搭建运营安全监察平台系统	
虽然App安全功能多,但仍需不断创新和优化安全功能,并教育用户正确使用	优化平台App中安全功能	
各地客服水平及能力不应有所差异,要统一客服的业务能力和个人素质,需要搭建培训平台	建设客服统一培训平台	
为保证公司各项安全工作的稳定运营,设立监察专门部门和团队,负责对安全管理的监察	成立安全监察专门部门和团队	线下安全管理机构
平台公司应成立专门的安全应急处理小组对突发事件进行处理,提高突发事件处理能力	成立安全应急小组	

续上表

访谈记录	概念化	副范畴
为保障安全管理工作正常运行,企业在线下应成立专门的安全管理机构,方便落实职责	成立线下专职安全管理机构	线下安全管理机构
对安全事故处理效率低下的根源在于客服、司乘并不知道应该往哪里汇报,所以要建立专门的相应中心	建立安全应急响应中心	
定期对员工进行安全意识的培训,全员参与,加强员工安全意识	进行全员安全教育培训	员工安全培训
定期对安全生产法、信息安全法等法律法规进行学习,培养员工的法律意识	加强平台员工安全意识培养与学习	
平台员工要定期进行安全知识培训并进行安全知识测评,提高安全意识	定期对员工开展安全知识测评	
明确员工考核方式、考核频率、考核内容等,确保员工真正地掌握相关安全知识	完善安全培训后的考核	
平台重视对客服人员的服务培训工作,从而提升客服的安全响应能力	加强客服全员安全服务培训	
工作人员明确各自岗位职责,严格遵守各项安全生产制度,细化完善各项安全生产责任	明确安全管理人员职责	
驾驶员的驾驶行为、服务礼仪、安全意识等都需要长期的培养和教育,所以平台应该构建针对驾驶员的安全教育体系,应该可以起到规范驾驶员的作用	建立驾驶员安全教育体系	驾驶员安全培训
对驾驶员的安全教育需将生命周期线上教育与部分驾驶员线下教育相结合	对驾驶员进行线上与线下安全教育培训	
向驾驶员提供从准入到准出全过程的安全教育培训,提高他们的安全意识	提供驾驶员"全生命周期"安全教育内容	
驾驶员接打电话、危险驾驶、玩手机的现象比较常见,也让运营充满危险,平台应采取相应措施进行管理	强化驾驶员行为管理	
平台要加强对驾驶员不定期的线上安全教育培训,确保驾驶员相关安全知识的掌握	不定期进行安全教育线上考试	
平台应正确引导用户使用平台相关的安全功能,为乘客安全乘车提供保障	教育用户正确使用平台安全功能	乘客安全教育
企业应扩大对安全功能使用的宣传力度,可选择不同方式和渠道进行宣传	多渠道多方式向用户宣传安全功能的使用场景和方法	
不定期对乘客进行突发事件处理措施安全教育,提高乘客应对突发事件的反应能力	不定期对突发情况的应对措施进行安全教育	

续上表

访谈记录	概念化	副范畴
将网约车运营信息数据实时、全量、真实地接入全国网约车监管信息交互平台	数据接入网约车监管信息交互平台	运营信息数据质量保障
运营数据不仅可以监控司乘,更可以保障司乘安全,切实保障运营信息数据质量是必须的	确保运营信息数据质量	
请第三方机构对信息网络安全进行隐患排查,等级保护的测试每年都是要做的	整体信息网络安全排查	第三方机构检测评估
定期请专业的第三方机构对安全管理整体进行安全检查	第三方机构开展安全检查	
公司对数据库统一授权第三方机构进行管理	数据库统一授权管理平台	
对不同等级类型数据分级分类管理,强化对数据的保护措施	严格落实数据分级分类管理办法	数据分级分类管理
员工严格按照分级分类管理办法对数据进行管理	个人信息收集情况梳理专项	
不断完善信息安全培训体系,所有人都要进行相关培训	优化现有信息安全培训体系	信息安全水平
定期对员工进行信息安全的培训,加强信息安全保护意识	有序开展全员信息安全培训	
对网络信息安全加强保护,严格完成安全等级保护级别确定和备案等工作	加强网络信息安全保护	
信息安全是公司安全管理的重点,定期对信息安全开展相关评估及隐患排查工作,修补系统安全漏洞	开展信息安全风险评估和隐患排查工作	
应急处置平台的建立可以使处理过程流程化跟进,高效运转,实现安全事件流程化跟进	构建应急处置平台	应急事件预防
聘请专家成立专家智囊团,发生突发事件可以向专家咨询意见	建立应急处置专家智囊团	
借鉴其他交通行业的先进经验,定期对突发事件展开演练,并寻求相关部门专业指导,完善突发事故处理机制	主动寻求专业指导,借鉴先进经验	
平台要对安全事件进行演练,制订安全事件的应急预案,遇到突发事件能高效相应处理	制订企业安全事件应急预案	
建立突发事件指挥机制,对员工培训,遇到突发事件有序展开工作	建立突发事件指挥机制	
与警企协作,进行线上查询取证系统,快速掌握相关证据	开发线上查询取证系统	安全应急响应
各城市分公司都设立突发事件处置机构与相关机制,遇到突发事件都可以快速响应	织密全国应急网络	
平台提高突发事件处置时效,公开承诺事故处置反馈时限	公开承诺安全事故处置反馈时限	
突发事件发生后为保证事件处理顺利进行,平台应及时启动应急预案	及时启动应急预案	
为保障安全救援工作的实施,平台公司应确保响应流程的合理性	确保按合理的响应流程采取适当的救援措施	

续上表

访谈记录	概念化	副范畴
对安全事故进行调查分析,发现风险隐患,及时采取应对措施	学习并分析安全事故案例	应急事件演练
企业要对安全事件进行演练,遇到安全事件能有序解决	加强突发事件应急演练	
平台确保应急物资和设备的可用性,应定期对其进行检查和维护	定期检查和维护应急预案所需物资、设备	
企业应对每次应急预案演练的效果进行评价,分析其存在的问题	总结应急预案演练效果	
加大客服人员队伍建设,配置与业务规模相当的客服人员	配备与业务规模相适应的客服人员	客服投诉处置
平台应重点关注乘客对驾驶员的投诉和评价,对于驾驶员的恶劣行为应严加管制	重视乘客投诉以及乘客对驾驶员的评价	
企业应建立起投诉冻结机制,对于被投诉的驾驶员先冻结再调证	使用投诉冻结机制限制被投诉驾驶员	
要确保重大事件的客服响应的时效性,保证客服时刻在线	建立 7×24 小时的安全重大响应机制	
平台要加强风险管控能力,提高对风险预测的准确性,提升重大进线处理准确率	建立客服风险研判机制	
保证客服处理效率,建立投诉"三位一体"处理机制,线上客服、面对面客服、驾驶员管家	建立线上为主、线下为辅的联动投诉处理机制	
出现突发事件,客服及时向应急处置团队汇报,加强处理效率,打通对突发事件的应急响应与处置关键环节	建立与应急处置团队的快速联动机制	
对安全投诉的处理情况进行检查,保证对突发事件高效处理	加强安全投诉处理的质检能力	
对突发事件企业应对处理全过程跟踪、检查,保证事件的处理正确有效	建立全程跟踪应急联动机制	政企安全联动
发生突发事件后,平台对发生事故的原因展开调查,吸取教训,设立过错追究机制,杜绝此类事件再次发生	制订驾驶员事后问题调查、过错追究机制	
平台应大力配合警方工作,快速处理安全事件,设置绿色通道,加急办理警方诉求	建立配合警方侦查绿色通道	
建立警企协作,遇到突发事件会得到警方的快速支援	实行警企协作支援机制	
数据传输要求实时与交通运输部门、公安部对接,方便出警、调查、应急响应等,但平台方有很多不愿意传输或传输部分数据,这是对规定的藐视,政府也应进一步落实	运营数据对接行业平台	

附 录

续上表

访谈记录	概念化	副范畴
企业引导驾驶员以合理途径解决问题,对合理诉求要积极解决,积极解决合理诉求,引导驾驶员采取正当渠道反馈诉求	配合主管部门妥善处置涉稳事件	社会秩序维护
遇到涉稳事件联合相关管理部门快速处理,并制订相应预防和处置办法	完善涉稳事件预防和处置办法	
遇到突发事件配合相关部门工作,协同治理,维护行业稳定	加强应急救援、协同治理,维护行业稳定	
车辆运营过程中对乘客进行保护提醒很重要,尤其是女性乘客,可以分享给亲人,保障安全	动态行程保护提醒	车辆动态风险排查
加强对行程异常情况的管控,当平台检测到路线偏移、异常停留、频繁取消等异常情况时,平台应及时采取相应的措施进行干预	发现运营过程异常及时介入干预	
平台应实时掌握车辆的运行状况,对服务全过程进行实时监控	实时监控车辆运行和服务过程	
平台有许多应急系统,一旦发现异常情况,及时进行干预,更快更早响应	及时预警异常情况或风险场景	
通过科学合理地设置数据分析模型,对行程中存在的风险进行预测,加强车辆动态监控	完善运营风险预警系统	
在运营过程中换车运营的现象是存在的,要避免这类问题,必须对车辆进行动态审查	车辆运营动态审查	
车辆按理说符合网约车新政中的规定,都有指定设备,对车辆动态干预或预警其实难度不大	车辆动态分单干预	
确保车辆的安全运行,平台应定期对运营车辆的性能进行检查	定期抽查运营车辆性能	车内安全保障
车辆应安装卫星定位装置,及时定位车辆所在位置	安装具有行驶记录功能的车辆卫星定位装置	
应急报警装置是在乘客、驾驶员发生危险时的有效求救手段	安装车辆应急报警装置	
平台鼓励在车内安装车内录音、录像等安全设备,发生事故后提供相关依据	安装车内录音录像等安全设备	
车辆要具备营运车辆交强险,三者意外险等保险,才能在意外发生时转移风险	配齐车辆必备保险	
建立车辆档案,可以直观查看和记录车辆情况,一车一档更有助于企业的管理	建立车辆技术档案	车辆档案管理
明确车辆档案的保存时间为不少于36个月,方便事后警方追责、调查,不然说不清楚	明确档案保存时间	

续上表

访 谈 记 录	概 念 化	副 范 畴
车辆档案应包含车辆的基本信息包括车型、车牌号码、负责人等	记录车辆基本信息	车辆档案管理
车辆档案应包含车辆的运营的相关信息,比如违规情况、修车情况	记录车辆运营安全信息	
提醒乘客乘车前确定线上线下车辆的一致性,信息不一致都是安全事件的开始	确保接单前线上线下车辆一致	车辆资质动态核查
为确保行程中的安全性,可采取鼓励乘客进行核验的方式确保线上线下车辆的一致性	确保运营中线上线下车辆一致	
聚合平台可以不对车辆的经营许可证进行审查,但应审查经营者对车辆的要求是否合规	确保平台接入车辆符合管理办法	
平台公司对行程中的全过程进行监控,确保车辆内监控设备的有效性	检查车辆安全监控设备有效性	车辆准入管理
虽然发生火灾的可能性不大,但车辆还应配备有效灭火器等设施	检查车辆附属装备有效性	
车辆的准入首先要符合《机动车运行安全技术条件》的基本要求	满足《机动车运行安全技术条件》的规定	
平台公司要定期对车辆进行维护和检测确保车辆的安全运行	定期进行车辆维护和检测	
车辆作为营运车辆要符合营运车辆的相关技术要求是有国家法律的规定的	车辆技术性能符合运营车辆要求	
平台仅向满足车辆准入条件的车辆进行派单,禁止向达到报废车辆条件的车辆进行派单	禁止对符合报废条件的车辆派单	车辆报废条件
平台公司明确规定车辆的行驶里程达到60万千米则进行强制报废明确车辆行驶里程未达到60万千米但使用年限达到8年强制报废的条件	明确车辆强制报废条件	
国家对运营车辆的报废要求就是不得超过8年,一般车辆开不到8年就换了,但仍要关注	清退年限超过8年的车辆	车辆退出条件
发生过重大安全事故的车辆,即使再修,安全性能也会受影响,就应该排除这类车	清退发生过重大安全事故的车辆	
平台公司应停止为未取得《网络预约出租汽车运输证》的车辆进行派单,并清退相关车辆	清退未取得《网络预约出租汽车运输证》的车辆	
平台公司应定期核查《网络预约出租汽车运输证》的有效性,对于车证过期的车辆及时清退	清退《网络预约出租汽车运输证》过期的车辆	
不合规车辆的运营,是对乘客和社会安全的极大不负责	清退平台内不合规的车辆	

续上表

访谈记录	概念化	副范畴
平台员工加强对驾驶员信息的审核,核查驾驶员信息的准确性	提高驾驶员信息审核能力	驾驶员档案管理
对驾驶员的安全教育应做到安全教育留痕,记录驾驶员的学习和考核情况	记录驾驶员安全教育学习情况	
平台应对驾驶员背景审查情况进行记录,排除一些违法犯罪记录	记录驾驶员背景审查结果	
驾驶员的档案里需包含安全事故的记录情况,记录安全事故的发生时间、地点、原因等情况	统计驾驶员安全事故记录	
法律案件办理的周期是不超过三年,故档案资料要存满三年,暂行办法也明确了保存周期	明确档案资料保存时间	
需定期对驾驶员档案进行核查,并有档案整理核查记录	建立驾驶员档案日常维护记录	
定期核查驾驶员从业资格证的有效性,对于证件超过期限的驾驶员进行清退	检查驾驶员从业资格证的有效性	
平台公司应建立举报机制,确保驾驶员与车辆信息匹配	建立核查驾驶员举报机制	驾驶员资质动态核查
加强驾驶员安全管理,接单前要求驾驶员进行线上线下一致性检验	确保接单前线上线下驾驶员一致	
加强驾驶员行程中的管理,可通过鼓励乘客进行检验线上线下驾驶员是否一致	确保运营中线上线下驾驶员一致	
聚合平台可以不对驾驶员的经营许可证进行审查,但应审查经营者对驾驶员的要求是否合规	确保平台接入驾驶员符合管理办法	
对驾驶员加大背景审查力度,不能再有犯罪、有重大疾病的人进行服务,这种错误过于低级	加大对已注册驾驶员的背景核查力度	驾驶员准入审查
加大对驾驶员准入的审查力度,限制有暴力犯罪、吸毒等历史的驾驶员进入平台	明确驾驶员准入条件及要求	
严格把控新加入平台的驾驶员和车辆的资质问题,对其加强背景审查,宁可多查不可漏查	加强对新注册驾驶员的背景审查	
驾驶员的心理健康非常重要,平台要定期对驾驶员心理状态进行评估,从根源消除隐患	定期评估驾驶员心理状态	
严格把控新加入平台的驾驶员和车辆的资质问题,提高新加入驾驶员及车辆的合规程度	招聘符合准入条件的驾驶员	驾驶员合规管控
对驾驶员和车辆的线下核查必不可少,还需设置安全管理人员线下见人见车,并登记信息	安全管理员线下见人见车	

续上表

访谈记录	概念化	副范畴
通过对在运营的未办证驾驶员和车辆逐步减少派单,引导驾驶员办理两证,促进人员车辆合规,逐步减少对未办证驾驶员和车辆派单	对驾驶员进行合规引导	驾驶员合规管控
聚合平台虽然只对接网约车经营者,但是为了安全,也可对驾驶员、车辆进行复查	对驾驶员进行二次审核	
驾驶员的人脸识别会在接单前和运营过程中多次审查,避免之前安全事故的错误	人脸识别多次查验	驾驶员动态风险监控
人车一致情况是审核的重点,这是一个长期、持久的过程,平台必须贯彻执行	持续核查线上线下服务人员不一致	
公司对驾驶员的审核情况不仅会在线上进行,线下也会核验	线下准入核验	
对驾驶员资质应该不定期动态核查,保持实时人车合规,必要时平台应进行干预	驾驶员资质审查动态干预	
合理的驾驶员派单规则可以规范主体行为,明确并公开派单规则很重要	严格规范驾驶员派单规则	驾驶员行为监控
为减少疲劳驾驶行为的产生,可通过检测驾驶员眨眼频率等方式检测驾驶员疲劳问题	建立疲劳驾驶预防机制	
长时间连续驾驶会使驾驶员产生疲劳,平台应通过检测驾驶时长预防疲劳驾驶	监控驾驶员驾驶时长	
平台应通过相关设备检测驾驶员的不当行为,比如吸烟、玩手机等	监控驾驶员的不当行为	
对于不合规的驾驶员平台应停止对其派单,强制下线,并进行安全整改	停止对不合规驾驶员的派单并强制下线	驾驶员退出管理
定期核查驾驶员证件,对于证件不全或无证件的驾驶员及时进行清退	清退未取得《网络预约出租汽车驾驶员证》的驾驶员	
加强对驾驶员证件的核查力度,对于证件超过期限的驾驶员及时进行处理	清退《网络预约出租汽车驾驶员证》过期的驾驶员	
对有涉性投诉、危险驾驶投诉等安全问题和系统判定不安全标签的高风险驾驶员封禁,核实后全面清退	对高风险驾驶员实行封禁机制	
平台可进行信息共享,建立行业驾驶员黑名单,将不良行为的驾驶员排除在外	共享驾驶员行业黑名单	驾驶员黑名单管理
被清退的驾驶员不可以进入平台,平台公司也应禁止对已经清退的驾驶员再次进行派单	禁止向被清退的驾驶员进行派单	
其实应该建立跨平台合作机制,禁止被清退的驾驶员进入另一平台继续运营的行为	拒绝违规驾驶员跨平台运营	

Ⅳ 评价指标德尔菲咨询表

尊敬的先生/女士：

您好！

感谢您在百忙之中填写这份问卷，为了客观评价网约车平台公司安全运营情况，我们初步构建了网约车平台公司安全运营评价指标体系，为了了解评价指标设置的合理性，现征求您的宝贵意见。希望您在百忙中抽出一点时间给予支持和配合。

本问卷匿名填写，对于您的个人信息我们保证仅作为本次调查的统计研究，绝不外漏，您可按照实际情况填写即可。请根据您的已有知识和经验判断各指标与网约车平台公司安全运营的相关和契合程度。评分采用5分制，5表示非常重要，4表示重要，3表示一般重要，2表示不太重要，1表示不重要。内容详见附表-5、附表-6。

第一部分：准则层咨询表　　　　　　　　　　　　　　　　　　　　附表-5

准则层	指标说明	相对重要性					删除或修改意见
		1	2	3	4	5	
平台内部安全管理	安全运营的重要保证，包含平台公司关于安全运营的相关指标						
驾驶员安全管理	是保障安全运营的能动因素，包含驾驶员准入前、运营中和退出管理等相关指标						
车辆安全管理	是安全运营的基础和载体，包含车辆准入前、运营中和清退管理等相关指标						

第二部分：指标层咨询表　　　　　　　　　　　　　　　　　　　　附表-6

准则层	指标层	相对重要性					删除或修改意见
		1	2	3	4	5	
平台内部安全管理	安全管理机构设置情况						
	安全管理人员完整性						
	安全管理人员综合素质情况						
	安全管理制度齐全度						
	安全管理制度执行情况						
	安全生产计划和目标的合理性						
	公司安全主体责任履行情况						
	公共安全应急处置情况						
	客服安全事件投诉响应情况						
	安全投入资金使用情况						

续上表

准则层	指标层	相对重要性					删除或修改意见
		1	2	3	4	5	
驾驶员安全管理	驾驶员准入门槛执行程度						
	驾驶员从业资格证齐全度						
	驾驶员安全档案完整程度						
	驾驶员上岗前安全培训教育完成情况						
	驾驶员运营期间安全培训教育完成情况						
	驾驶员运营安全管理情况						
	驾驶员心理测试评估合格情况						
	驾驶员考核与奖惩情况						
车辆安全管理	车辆准入门槛执行情况						
	车辆技术档案完整程度						
	车辆检测与维护完成情况						
	车辆安全装置齐全度						
	车辆安全监控设备齐全度						
	车辆运营安全监管情况						
	车辆退出与报废执行情况						

Ⅴ 网约车平台公司安全运营评价量化表（1000分）

网约车平台公司安全运营评价量化表见附表-7。

网约车平台公司安全运营评价量化表　　　　附表-7

考评指标	考评要点		分值	评分标准	考评评价	得分
一、安全管理制度建设情况	1.安全工作方针与目标	①制订平台公司安全生产方针、目标和不低于上级下达的安全控制指标	5	1.未制订以"强化责任、细化措施、预防为主、重在落实"为主要内容的平台公司安全生产方针的，扣5分； 2.未制订合理的安全生产目标和安全生产控制指标的，扣5分		
		②制订实现安全工作方针与目标的措施	5	1.未制订保证平台公司实现安全工作方针与目标措施的，扣5分； 2.安全生产控制指标超过上级下达指标的，扣5分； 3.三年内发生较大以上事故的，扣5分		

附　录

续上表

考评指标	考评要点		分值	评分标准	考评评价	得分
一、安全管理制度建设情况	2.中长期规划	①制订和实施平台公司安全生产中长期规划和跨年度专项工作方案	5	1.未制订中长期计划和"百日安全"等跨年度安全活动工作方案的,扣5分; 2.未制订安全标准化方案和"双基"建设工作方案的,扣3分		
		②根据中长期规划,制订年度计划和年度专项活动方案,并严格执行	5	1.未制订年度安全生产工作计划的,扣5分; 2.未制订以落实"安全生产年"为内容的实施方案的,扣3分; 3.未制订交通安全专项整治等活动方案的,扣5分; 4.未制订平台公司安全生产标准化建设方案的,扣3分		
	3.制度建立	①制订各项安全制度,形成制度体系,包括但不限于:安全生产责任制度、安全目标管理制度、安全例会制度、安全事件文件和档案管理制度、安全生产培训和教育学习制度、驾驶员安全管理制度、车辆安全管理制度、安全事故隐患排查和风险管理制度、安全事件调查制度、安全值班带班制度、安全生产资金提取管理制度、安全管理奖惩制度、安全生产隐患排查治理制度	20	1.规章制度的合理性和组织贯彻落实情况不到位的,每处扣2分; 2.13项制度中每缺一项,扣2分; 3.未印发给相关人员的,扣2分		
		②开展制度的评审工作,根据评审情况及时修订了相关安全管理制度,并保留安全管理制度执行及评审的记录	10	1.未开展制度的评审工作,扣10分; 2.未保留制度执行及评审的记录,扣5分		
	4制度执行及档案管理	①执行国家有关安全生产方针、政策、法规及本单位的安全管理制度和操作规程,依据行业特点,制订平台公司安全生产管理措施	5	未制订驾驶员、从业人员安全教育管理、车辆技术管理等方面措施的,扣5分		
		②每年至少一次对安全生产法律法规、标准规范、规章制度、操作规程的执行情况进行检查	5	未有对各项制度、规范、规程的执行情况进行检查的文件和资料,扣5分		

续上表

考评指标	考评要点		分值	评分标准	考评评价	得分
一、安全管理制度建设情况	4.制度执行及档案管理	③建立和完善各类台账和档案,并按要求及时报送有关资料和信息	5	1.未建立相关台账和档案,扣5分; 2.未及时报送相关资料,扣3分		
	5.目标考核	①将安全生产管理指标进行细化和分解,制订阶段性的安全生产控制指标	5	1.未细化和分解安全生产管理指标的,扣3分; 2.超控制指标的,扣5分		
		②制订安全生产目标考核与奖惩办法	5	1.未制订考核和奖惩办法的,扣5分; 2.仅规定奖励、处罚等单方面内容的,扣3分		
		③定期考核年度安全生产目标完成情况,并奖惩兑现	5	1.未进行目标考核指标及奖惩兑现材料、文件的,扣3分; 2.未兑现奖惩的,扣2分		
二、安全管理机构设置情况	1.安全管理决策机构	①成立安全生产委员会(或领导小组),实行主要领导负责制,下属各分支机构分别成立相应的领导机构	10	1.未健全安全领导机构的,扣10分; 2.领导和部门职责分工不明确的,扣5分; 3.平台公司主要负责人未担任安全生产委员会(领导小组)主任(组长)的,扣5分		
		②按规定设置与平台公司规模相适应的专职安全管理机构	15	1.未设置平台公司安全生产管理机构的,扣15分; 2.机构职责不明晰、分工不明确的,扣5分		
	2.安全管理执行机构	①成立安全应急小组,处理应急突发事件,迅速响应	10	1.未成立安全应急小组,扣10分; 2.有安全事件,但安全应急小组无执行记录的,扣5分		
		②成立安全管理分支机构,包括线上安全管理部门与线下安全管理部门	5	1.未成立安全管理分支机构的,扣5分; 2.安全管理分支机构不包括线上安全管理部门和线下安全管理部门的,每少一项扣2分		

续上表

考评指标	考评要点		分值	评分标准	考评评价	得分
二、安全管理机构设置情况	2.安全管理执行机构	③设置服务监督与投诉处理机构,公布服务监督电话及其他投诉方式与处理流程	5	1.未设置服务监督与投诉处理机构,扣5分; 2.未公布服务监督电话和投诉方式,扣3分		
三、安全管理人员配备及培训情况	1.管理人员配备	①按规定足额配备专职安全生产和应急管理人员	10	1.未按要求配备安全生产和应急管理专职人员的,扣10分(以文件为据); 2.管理人员未经安全和应急管理培训的,扣2分; 3.未按文件规定的比例要求配备专职安全员的,少配一人扣2分		
		②主要负责人和管理人员应具备相应安全知识和管理能力,并取得行业主管部门培训合格证	5	主要负责人和管理人员未取得培训合格证,仍继续上岗的,扣5分		
	2.安全管理执行机构	①平台公司主要负责人、分管领导、全体员工安全职责明确,制订并落实安全生产责任制,层层签订安全生产责任书,并落实到位	10	1."一岗双责",领导班子成员未明确安全生产职责和分工的,扣6分; 2.平台公司安全生产责任书,未层层签订和落实的,扣4分		
		②主要负责人或实际控制人是安全生产第一责任人,按照安全生产法律法规赋予的职责,对安全生产负全面组织领导、管理责任和法律责任,并履行安全生产的责任和义务	5	1.单位第一责任人,未按规定组织召开安全重要会议、研究安全重要议题、参与安全教育、安全检查等活动的,扣5分; 2.未及时上报考评报告的,扣2分		
		③分管安全生产的负责人是安全生产的重要负责人,统筹协调和综合管理平台公司的安全生产工作,对安全生产负重要管理责任	5	1.分管安全的领导会议部署、检查资料、工作落实不及时、不到位的,扣5分; 2.分管领导无故不参加安全生产例会的,每次扣1分		
		④其他负责人和全体员工实行"一岗双责",对业务范围内的安全生产工作负责	5	1."一岗双责"安全责任不落实的,扣5分; 2.在各自分管职责范围内履行安全教育、检查、考核等职责,落实不到位的,扣2分		
	3.管理人员培训	①组织开展安全生产的法律、法规和安全生产知识的宣传、教育	5	1.从业人员不了解适用内容的,扣2分; 2.从业人员参加安全生产教育培训比例未达100%的,扣3分		
		②及时识别、获取适用的安全生产法律法规、标准规范,将适用的安全生产法律、法规、标准及其他	5	1.未及时识别、获取及执行相关法律法规、政策措施、标准规范的,扣3分; 2.未指定专门部门、人员及时获取最新有		

续上表

考评指标	考评要点		分值	评分标准	考评评价	得分
三、安全管理人员配备及培训情况	3.管理人员培训	要求及时对从业人员进行宣传和培训	5	效版本的安全生产法律法规、标准规范的,扣2分; 3.规章制度的合理性和组织贯彻落实情况不到位的,每处扣2分		
		③管理人员每年接受再培训,提高管理人员的素质和能力,再培训时间不得少于有关规定学时。未经安全生产培训合格的管理人员,不得上岗作业	10	1.从业人员不了解适用内容的,扣2分; 2.从业人员参加安全生产教育培训比例未达100%的,扣3分		
		④转岗人员及时进行岗前培训	5	1.未建立转岗人员培训制度的,扣5分; 2.相关人员转岗未进行岗位培训的,每起扣5分		
		⑤新技术、新设备投入使用前,对管理和操作人员进行专项培训	10	未开展专项培训的,每起扣5分		
		⑥制订并实施年度及长期的继续教育培训计划,明确培训内容和年度培训时间	10	1.未按计划实施培训的,扣5分; 2.培训时间不足的,扣5分		
四、平台安全主体责任履行情况	1.乘客安全保障	①承担承运人责任	10	乘客发生事故后,平台公司未承担承运人责任,每起扣5分		
		②审查驾驶员资质责任,保证所提供驾驶员符合国家有关规定	5	未提供国家有关规定中明确的合规驾驶员,扣5分		
		③为乘客购买不低于当地标准的第三者责任险	5	未为乘客购买第三者责任险的,扣5分		
	2.驾驶员安全保障	①为驾驶员购买不低于当地标准的意外险与第三者责任险	5	1.未为驾驶员购买意外险的,扣5分; 2.未为驾驶员购买第三者责任险的,扣5分		
		②为全职驾驶员缴纳社会保险	5	未为全职驾驶员缴纳社会保险的,扣5分		
	3.社会安全保障	①取得有效《网络预约出租汽车经营许可证》《平台公司法人营业执照》,经营范围符合要求	10	1.未取得网络预约出租汽车经营许可及平台公司法人营业执照的,扣10分; 2.未按期审验的,扣5分; 3.超范围经营的,扣5分		
		②保护信息安全,避免信息泄露	5	发生信息泄露事件的,扣5分		

续上表

考评指标	考评要点		分值	评分标准	考评评价	得分
四、平台安全主体责任履行情况	3.社会安全保障	③维护公共安全,保持社会舆论	15	未及时控制事故发生后的社会舆论的,扣5分		
五、公共安全应急处置情况	1.预案制订	①制订公共安全事件应急预案,有相应的应急保障措施	10	1.未制订突发事件应急预案的,扣10分; 2.应急保障措施(队伍、资金、物资、设备、流程、注意事项)不完善的,扣5分		
		②结合实际将应急预案分为综合应急预案、专项应急预案和现场处置方案	5	1.未制订应急预案、专项预案和现场处置方案的,扣5分; 2.应急预案和现场处置方案不切实际的,扣2分; 3.未开展周期性应急演练的,扣3分		
		③应急预案与当地政府预案保持衔接,报当地有关部门备案,通报有关协作单位	5	1.应急预案未与行业主管门、当地政府预案保持衔接的,扣3分; 2.未报有关部门备案的,扣2分		
		④定期评审应急预案,并根据评审结果或实际情况的变化进行修订和完善	10	1.未组织定期开展应急演练及定期评审应急预案的,扣5分; 2.未根据评审意见适时修订预案资料的,扣5分		
	2.预案实施	①开展应急预案的宣传教育,普及生产安全事故预防、避险、自救和互救知识	5	1.未对应急预案相关内容进行宣传教育的,扣3分; 2.宣传教育内容不全的,扣2分		
		②开展应急预案培训活动,使有关人员了解应急预案内容,熟悉应急职责、应急程序和应急处置方案	5	1.未组织开展应急预案培训的,扣5分; 2.岗位人员对应急设备使用不熟练的,扣2分; 3.重要岗位从业人员不了解应急职责、处置知识的,扣2分		
		③发生事故后,及时启动应急预案,组织有关力量进行救援,并按照规定将事故信息及应急预案启动情况报告有关部门	10	发生事故未按预案要求处置和联动的,扣10分		

续上表

考评指标	考评要点	分值	评分标准	考评评价	得分
五、公共安全应急处置情况	3.应急队伍 ①建立与平台公司安全生产特点相适应的专兼职应急救援队伍，或指定专兼职应急救援人员	5	未落实应急救援指挥机构和应急队伍专兼职应急救援人员名单（通讯簿）的，扣5分		
	3.应急队伍 ②组织应急救援人员日常训练	5	未根据训练记录、训练科目等内容，组织应急人员开展日常训练的，扣5分		
	4.应急装备 ①按照应急预案的要求配备相应的应急物资及装备	5	未及时补充应急物资的，扣5分		
	4.应急装备 ②建立应急装备使用状况档案，定期进行检测和维护，使其处于良好状态	5	1. 未建立应急储备装备档案的，扣3分； 2. 未对应急储备装备定期检测、维护的，扣3分		
	5.应急演练 ①按照有关规定制订应急预案演练计划，并按计划组织开展应急预案演练	10	1. 未制订应急预案演练计划（演练预期目标、参与对象、组织指挥、联动单位、演练步骤、现场考核点评等内容）的，扣10分； 2. 现场演练资料不规范的，扣5分		
	5.应急演练 ②应急预案演练结束后，对应急预案演练效果进行评审，撰写应急预案演练评审报告，分析存在的问题，并对应急预案提出修订意见	5	1. 演练未写评审报告的，扣5分； 2. 未对评审提出的问题进行分析整改的，扣2分； 3. 未对有问题预案进行相应修订的，扣2分		
	6.隐患排查与治理 ①制订运营隐患排查与隐患治理方案，明确排查的目的、范围、选择合适的排查方法，明确目标和任务、方法和措施、经费和物资、机构和人员、时限和要求	10	1. 未制订隐患排查方案的，扣10分； 2. 未定期开展安全隐患排查的，扣5分		
	6.隐患排查与治理 ②对各种安全检查所查出的隐患进行原因分析，制订针对性控制对策	5	整改资料未进行原因分析及制订防控对策的，扣5分		
	6.隐患排查与治理 ③对上级检查指出或自我检查发现的一般安全隐患，严格落实防范和整改措施，并组织整改到位	5	1. 未制订安全生产举报受理和查处制度的，扣5分； 2. 无防范和整改措施的，扣3分； 3. 限期未整改到位的，扣5分		

续上表

考评指标	考评要点		分值	评分标准	考评评价	得分
五、公共安全应急处置情况	6.隐患排查与治理	④按规定对隐患排查和治理情况进行统计分析,重大安全隐患报相关部门备案,做到整改措施、责任、资金、时限和预案"五到位"	5	1.重大安全隐患未备案的,扣5分; 2."五到位"措施落实不到位的,扣5分		
		⑤建立隐患治理台账和档案,有相关的记录	5	1.未建立安全生产隐患治理台账的,扣5分; 2.隐患治理资料不完善的,扣3分		
六、客服安全事件投诉响应情况	1.事前预防	①建立乘客安全投诉处理机制,明确驾驶员不当行为处罚规则	10	1.未建立乘客安全投诉处理机制,扣10分; 2.未明确驾驶员不当行为处罚规则,扣5分		
		②建立司乘投诉冻结机制,对未处理投诉的司乘双方停止派单	10	1.未建立司乘投诉冻结机制,扣10分; 2.对尚未处理投诉的驾驶员和乘客进行派单,每起扣5分		
		③建立警企线上协作支援机制与警方调证绿色通道,加强与警方的沟通,提高安全事件处置效率	10	1.未建立警企线上协作支援机制,扣5分; 2.未建立警方调证绿色通道,扣5分		
		④建立险情值报机制,对险情向警方主动提供全部线索,配合公安机关做好处置工作	5	未建立险情值报机制,扣5分		
		⑤对客服投诉事件紧急程度实行分级响应,对于普通情况按照流程处理,对于紧急情况给予最大资源	5	未对客服投诉事件进行分级响应,扣5分		
	2.事故报告	①发生事故及时向上级汇报,按相关规定及时、准确、如实向有关部门报告,没有瞒报、谎报、迟报情况	10	1.未按事故报告的相关规定及时、准确、如实报告的,扣10分; 2.对事故瞒报、谎报、迟报、漏报的,扣10分		
		②跟踪事故发展情况,及时续报事故信息,建立事故档案和事故管理台账	5	1.未建立事故档案的,扣2分; 2.未对事故作动态报告的,扣3分		

续上表

考评指标	考评要点		分值	评分标准	考评评价	得分
六、客服安全事件投诉响应情况	3.事故处理	①接到事故报告后,迅速采取有效措施,防止事故扩大,减少人员伤亡和财产损失	10	1. 单位领导未及时赶赴事故现场处置和组织抢救的,扣8分; 2. 造成事故损失扩大及次生灾害的,扣10分		
		②发生事故后,按规定成立事故调查组,积极配合各级人民政府组织的事故调查,随时接受事故调查组的询问,如实提供有关情况	5	未积极配合事故调查及如实提供相关情况的,扣5分		
		③按时提交事故调查报告,分析事故原因,落实整改措施	5	1. 未按时提交事故调查报告的,扣3分; 2. 未制订事故整治预防措施的,扣5分		
		④强化投诉处理能力,建立线上客服、面对面客服、驾驶员、乘客"三位一体"的联动投诉处理机制	10	1. 未建立"三位一体"的联动投诉处理机制,扣10分; 2. 未有强化投诉处理能力的方案或执行记录,扣5分		
		⑤引导驾驶员采取正当渠道反馈诉求,配合管理部门妥善处置稳定事件,维护好市场秩序和行业稳定	5	未设置驾驶员反馈诉求渠道的,扣5分		
		⑥加强对驾驶员违法违规、投诉举报、乘客服务评价等失信行为信息的监管	10	1. 未按有关规定及时对驾驶员违法违规、投诉举报、乘客服务评价等失信行为信息的监管的,扣6分; 2. 未建立驾驶员违法违规记录相关台账的,扣4分; 3. 未按规定保存相关资料的,扣4分		
	4.事故倒查	①及时召开安全生产分析通报会,对事故当事人的聘用、培训、考评、上岗以及安全管理等情况进行责任倒查	5	1. 事故发生后未及时召开分析通报会的,扣3分; 2. 未及时对当事人进行各环节、全过程责任倒查的,扣5分		
		②按"四不放过"原则严肃查处安全投诉事件,造成严重后果的,严格追究责任领导和相关责任人。处理结果报有关部门备案	5	1. 未按"四不放过"原则追究相关领导和相关责任人的,扣5分; 2. 未及时上报处理结果的,扣2分		

续上表

考评指标		考评要点	分值	评分标准	考评评价	得分
七、安全投入使用情况	1.资金投入	①按规定足额提取安全生产费用,及时投入满足安全生产条件的所需资金	5	未按规定提取安全生产费用,扣5分		
		②优化APP产品,定期更新与完善安全功能	10	1. 未定期优化APP产品功能,扣10分; 2. 未保留产品功能上线评审资料,扣5分		
		③承担乘客、驾驶员和平台公司员工相关保险费用	10	未承担乘客、驾驶员和平台公司员工相关保险费用的,扣10分		
	2.费用管理	①跟踪、监督安全生产专项经费使用情况	5	未保留安全生产专项经费使用情况的详细记录,扣5分		
		②修订各项安全管理制度、预案、方案	5	未使用经费修订各项安全管理制度、预案和方案,扣5分		
		③建立安全费用使用台账	5	1. 未建立安全费用使用台账,扣5分; 2. 未保留安全费用使用台账,扣3分		
		④开展安全承诺活动,编制员工、驾驶员、乘客安全知识手册	5	1. 未编制《安全知识手册》(含安全运行、安全乘车、车辆安全检查、安全应急处置、报警施救等内容)的,扣5分; 2. 未发放至员工及用户的,扣2分		
	3.环境搭建	①设立安全文化廊、安全角、黑板报、宣传栏等安全文化阵地,每月至少更换一次内容	5	1. 未建立安全文化宣传阵地的,扣5分; 2. 每月更新内容少于一次的,扣3分		
		②公开安全生产举报电话号码、通信地址或者电子邮件信箱,对举报和投诉及时予以调查和处理	5	1. 未公开安全生产举报电话的,扣3分; 2. 未建立举报和投诉记录的,扣2分; 3. 对举报或投诉未及时调查、处理和反馈的,扣3分		

续上表

考评指标	考评要点		分值	评分标准	考评评价	得分
七、安全投入使用情况	4.绩效管理	①组织开展安全生产月活动、安全生产竞赛活动，有方案、有总结	5	1.未制订安全生产活动方案的，扣5分； 2.未开展安全生产活动的，扣3分； 3.无活动总结的，扣2分		
		②对在安全工作中做出显著成绩的集体、个人给予表彰、奖励，并与其经济利益挂钩	5	1.未建立安全生产考核和奖惩制度的，扣5分； 2.未开展安全生产表彰和奖励的，扣3分； 3.单位绩效考核内容未体现"一票否决"的，扣5分		
		③对安全生产进行检查、评比、考评、总结和交流经验，推广安全生产先进管理方法	5	未开展及推广先进管理经验的，扣5分		
八、驾驶员准入门槛执行情况	1.审查资质	①驾驶员资质满足相关要求，经培训合格，取得有效的《机动车驾驶证》《网约预约出租汽车驾驶员证》等，年龄不超过60周岁	10	1.驾驶员未取得《机动车驾驶证》《网约预约出租汽车驾驶员证》（上岗证）等有效证件的，扣10分； 2.擅自聘用无从业资格证的驾驶员营运的，扣10分； 3.营运驾驶员年龄超过60岁的，扣10分		
		②严格审查驾驶员的驾驶证件、从业资格和驾驶经历	10	1.驾驶证、从业资格证与驾驶类型不符的，每起扣5分； 2.驾驶证件、从业资格证等逾期未年审的，每起扣5分； 3.违反驾驶员聘用有关规定的，扣5分		
		③驾驶员线上注册后，平台在派单前，要求驾驶员递交相关信息到所在平台进行信息确认	10	1.未要求驾驶员递交相关信息到平台进行信息确认，扣10分； 2.驾驶员提交资料不全面或不合规，平台仍派单的，每起扣5分		
	2.审查背景	①平台公司应严格规范派单管理，不应向未经背景核查的驾驶员派单	10	对未经背景审查的驾驶员进行派单的，每起扣5分		

续上表

考评指标	考评要点		分值	评分标准	考评评价	得分
八、驾驶员准入门槛执行情况	2.审查背景	②对驾驶员每年进行背景审查,对于不符审查条件的,平台公司应及时停止派单	10	1.对不符合审查条件的驾驶员进行派单,每起扣5分; 2.未对驾驶员每年进行背景审查的,每起扣5分		
		③对驾驶员的背景审查包括但不限于: ——无交通肇事犯罪、危险驾驶犯罪记录,无吸毒记录,无饮酒后驾驶记录; ——最近连续3个记分周期内没有记满12分记录; ——无暴力犯罪记录; ——驾驶证状态正常	15	1.对驾驶员背景审查的内容不全面的,扣10分; 2.未对驾驶员背景审查的结果按年份进行比对的,扣5分		
九、驾驶员安全档案建立情况	1.规范档案	①制订并落实驾驶员行车安全档案管理制度,实行一人一档,档案保存期不少于36个月	10	1.未制订安全行车档案管理制度的,扣5分; 2.未建立"一人一档"的,扣5分		
		②安全培训考核情况录入档案	5	未将驾驶员安全培训考核情况录入档案的,扣5分		
		③建立安全宣传教育培训考评档案,详细、准确记录培训考评情况	5	未建立安全宣传教育培训考评档案的,扣5分		
		④对培训效果进行评审,改进提高培训质量	10	1.每年未对培训效果进行评审的,扣5分; 2.未保留评审记录和相关资料的,扣5分		
	2.更新档案	档案内容包括但不限于: ——驾驶员基本信息,包括姓名、年龄、驾龄、准驾车型等; ——驾驶员证件信息; ——驾驶员背景审查结果,并按年更新; ——驾驶员安全教育培训情况,按季度更新; ——驾驶员服务评价和安全投诉情况; ——驾驶员安全事故统计记录,按季度更新	15	1.驾驶员档案内容不完整的,每起扣5分; 2.驾驶员档案内容未按时更新的,每起扣5分; 3.未及时停止对档案不合格驾驶员派单的,每起扣5分		

续上表

考评指标	考评要点		分值	评分标准	考评评价	得分
十、驾驶员安全培训情况	1.培训形式	①定期完成以视频、音频、图片文字形式的线上安全培训	5	未对驾驶员进行线上安全培训，扣5分		
		②定期完成以会议、讨论、论坛形式的线下安全培训	5	未对驾驶员进行线下安全培训，扣5分		
		③定期对驾驶员通过线上或线下形式对安全培训进行考核，并设置合格分数线	5	1.未对驾驶员的安全培训进行考核，扣5分； 2.未对考核设置合格分数线，扣3分		
	2.培训内容	安全培训内容要全面、系统，包括安全运营、文明服务、驾驶安全、冲突安全、情绪管理、突发性应急急救、突发事件处理、应急预案方面内容	10	1.安全培训内容未包括安全运营、文明服务、驾驶安全、冲突安全、情绪管理、突发性应急急救、突发事件处理、应急预案方面内容，缺少一项扣2分； 2.安全培训内容未经过专家评审，扣5分		
	3.考核形式	①设置"线上+线下"课时学习最低累计时间和次数	5	1.未设置学习最低累计时间，扣3分； 2.未设置学习最低次数，扣2分		
		②设置"线上+线下"学习内容考核合格得分，要求不合格驾驶员进行再学习	5	对考核不合格驾驶员未要求再学习的，扣5分		
十一、驾驶员运营安全管理情况	1.一致性审查	①对驾驶员与车辆进行一致性审查： ——对驾驶员每日出车前进行人脸识别，发现不一致的情况暂停服务 ——建立日常抽查机制，发现不一致的情况暂停服务； ——建立举报机制，对于乘客举报人车不符或驾驶员明确告知乘客换人、换车的情况，一经查实暂停服务	10	1.发现一起驾驶员与车辆不一致的事件，扣10分； 2.未对驾驶员的一致性进行日常抽查，扣3分； 3.未建立乘客举报机制的，扣3分； 4.每日未对驾驶员出车前进行人脸识别的，每起扣2分		
		②通过人脸识别、客服回访及线下核验等手段，加强过程中线上线下人车一致性审查，坚决堵塞"冒名顶替"安全漏洞	5	未采用相应手段加强运营过程中人车一致性审查的，扣5分		

续上表

考评指标	考评要点		分值	评分标准	考评评价	得分
十一、驾驶员运营安全管理情况	1.一致性审查	③对因情况变化不合规的驾驶员及时停止派单,情况严重的对其清退	5	未对人车因情况变化不合规的驾驶员及时停止派单的,扣5分		
	2.信息化监管	①加强风险防控,建立驾驶员风险等级模型	5	未建立驾驶员风险等级模型,扣5分		
		②利用后台监控,合理控制驾驶员驾驶时间。驾驶员连续驾驶时长超过4小时,平台应强制下线并停止派单20分钟以上。驾驶员24小时内驾驶时长累计达10小时的,平台应强制下线并停止派单6小时以上	5	未对驾驶员的驾驶时长进行控制,扣5分		
		③建立安全派单机制,通过大数据分析乘客与驾驶员多维度特征,识别乘客风险场景与驾驶员服务质量,在公平派单前提下,为乘客智能匹配最合适的驾驶员	5	未建立安全派单机制,扣5分		
		④建立动态监控工作台账	5	未建立动态监控工作台账,扣5分		
		⑤配备专职人员负责监控驾驶员驾驶情况,分析处理驾驶数据信息	5	1.未配备专职人员负责监控驾驶员驾驶情况,扣5分; 2.未对驾驶员的驾驶数据进行分析的,扣5分		
	3.基本运营规则	①掌握极端天气及路况信息,及时提示驾驶员谨慎驾驶,遇突发事件和恶劣天气,启动应急调度预案	5	遇有突发事件及恶劣天气未启动应急预案的,扣10分		
		②督促、提醒乘客采取佩戴安全带等安全防护措施	5	1.驾驶员未自觉佩戴安全带的,每扣5分; 2.乘客上车后未提醒乘客佩戴安全带的,扣5分		

续上表

考评指标	考评要点		分值	评分标准	考评评价	得分
十一、驾驶员运营安全管理情况	3. 基本运营规则	③按照合理路线或者乘客要求的路线行驶，遵守交通规则	10	1. 投诉记录里有绕道行驶行为的，每起扣2分； 2. 处罚记录里有违反交通规则行为的，每起扣2分		
十二、驾驶员心理评估情况	1. 健康管理	①建立驾驶员心理评估机制与心理测试题库	5	1. 未建立驾驶员心理评估机制的，扣2分； 2. 未建立驾驶员心理测试题库的，扣3分		
		②对驾驶员进行职业健康和心理健康检查，剔除有暴力倾向等潜在危险心理的驾驶员	10	1. 未按规定对驾驶员进行职业健康和心理健康检查的，扣5分； 2. 未通过心理健康检查剔除有暴力倾向等潜在危险心理驾驶员的，扣5分		
	2. 评估管控	①对驾驶员进行心理健康宣传培训，强调心理健康的重要性	10	1. 心理健康培训未列入安全教育培训计划的，扣5分； 2. 心理健康培训未达到100%的，扣5分		
		②对心理测试评估结果多次不合格的驾驶员进行清退	5	未对多次心理测试评估不合格驾驶员进行清退，扣5分		
		③对一次评估结果不合格的驾驶员暂停派单，并进行安全培训	5	未对一次心理测试评估不合格驾驶员进行暂停派单调查的，扣5分		
十三、驾驶员奖惩情况	1. 惩罚措施	①对严重违规的驾驶员进行清退，有涉性投诉、危险驾驶投诉等影响乘客人身权利的行为和侵犯乘客财产权利的安全问题以及系统判定不安全标签的高风险驾驶员封禁	10	1. 未对严重违规的驾驶员进行清退，扣5分； 2. 未对高风险驾驶员进行封禁，扣5分		
		②重视乘客投诉以及乘客对驾驶员的评价，对于符合冻结规则投诉的驾驶员，平台暂停对该驾驶员进行派单，防止安全事故的二次发生，对月投诉次数超过三次的驾驶员进行重点教育和处罚	10	1. 未对月投诉次数超过三次的驾驶员进行教育和处罚的，每人扣5分； 2. 未冻结存在有效投诉驾驶员订单的，扣5分		

续上表

考评指标	考评要点		分值	评分标准	考评评价	得分
十三、驾驶员奖惩情况	1. 惩罚措施	③按照有关规定及时纠正和处理超速等违法违规行为，记录违法违规驾驶员信息	5	1. 未对驾驶员违法违规行为进行纠正和警告的，扣5分； 2. 未记录违法违规驾驶员信息的，扣5分		
	2. 奖励措施	①对服务态度好、投诉率低的驾驶员进行额外奖励	5	未对服务态度好、投诉率低的驾驶员进行额外奖励的，扣5分		
		②对考核分数高、心理评估稳定的驾驶员进行额外奖励	5	1. 未对考核分数高、心理评估稳定的驾驶员进行额外奖励的，扣5分		
十四、车辆准入门槛执行情况	1. 审查资质	①车辆资质满足相关要求，具有《机动车行驶证》《网络预约出租汽车运输证》	10	1. 对未取得《机动车行驶证》的车辆进行派单的，扣5分； 2. 对未取得《网络预约出租汽车运输证》的车辆进行派单的，扣5分		
		②车辆通过年检，且未遭受重大交通事故	5	使用遭受过重大交通事故的车辆，扣5分		
	2. 审查车况	①车辆设施设备齐全、完好，没有随意改动	5	车辆设施设备不齐全的，扣5分		
		②车辆技术等级达到行业标准规定的技术等级，按规定做好车辆维护保养，车辆技术状良好	5	1. 未按要求进行一、二级维护与检测的，扣10分； 2. 逾期未检测的，扣5分		
十五、车辆技术档案建立情况	1. 规范档案	①制订车辆安全档案管理制度，建立车辆技术档案，一车一档，档案内容齐全，档案保存期限不少于36个月	10	1. 未制订车辆安全档案管理制度的，扣10分； 2. 未建立车辆技术档案的，扣10分； 3. "一车一档"档案资料记录不及时、不完整、不准确的，每起扣2分		
		②录入车辆基础资料、车辆技术档案信息，记录车辆行驶情况等信息准确、完整	5	未录入全部车辆基本信息的，扣5分		
	2. 更新档案	①车辆档案包括但不限于： ——车辆基本信息，包括车牌号、注册日期、车身颜色、车辆品牌等； ——车辆证件信息； ——运营安全信息，包括行驶证异常状态情况、车辆事故情况等，按季度更新	10	1. 每年未按时更新车辆档案的，扣10分； 2. 车辆档案信息统计不全的，扣5分； 3. 档案存在异常状况未处理的，每起扣5分		

续上表

考评指标		考 评 要 点	分值	评 分 标 准	考评评价	得分
十五、车辆技术档案建立情况	2.更新档案	②落实专人负责车辆技术管理,按国家规定的技术规范对车辆进行定期维护与保养,并记录到相应档案	10	1. 未落实专人负责车辆安全检查工作的,扣6分; 2. 未定期严格开展安全检查的,每起扣4分		
十六、车辆安全设备配备情况	1.设备保障	①车辆按照国家相关法律法规规定配备三角木、警示牌、防滑链等安全设备,按相关规定配足有效的灭火器	5	存在未配备三角木、警示牌、防滑链、有效灭火器等安全设备车辆的,扣5分		
		②车辆应当装置防劫安全设施和视频监控设施	5	未按要求装置防劫安全设施和视频监控设施的,扣5分		
		③车辆须安装车辆监控设备,自乘客进入车辆至离开车辆时,开启车内录像功能	5	未要求装置车辆内部监控设备的,扣5分		
		④车辆须安装车内录音设备,车主端应对从接单起至行程结束止的全过程进行录音	5	未要求设置车内录音设备的,扣5分		
	2.车辆维护	①每日出车前应按相关规定进行车辆例行检查,确认车辆性能完好,符合运营安全要求	5	1. 未建立出车前例检制度的,扣5分; 2. 检验不合格车辆参与营运的,扣5分		
		②落实专人负责车辆安全工作,对车辆定期进行安全检查	10	1. 未落实专人负责车辆安全检查工作的,扣6分; 2. 未定期严格开展安全检查的,每起扣4分		
		③实现车辆维护管理、维修保养期提示、车辆维修记录、审验记录等的信息化	5	1. 未制订车辆维护管理制度的,扣3分; 2. 未建立车辆维护管理、维修保养定期提示、车辆维修记录、审验记录等信息系统的,扣2分		
十七、车辆运营安全监管情况	1.信息化监管	①通过大数据分析和机器学习,完善风险预警系统,科学设置数据分析模型加强车辆动态风险预警	5	未通过大数据分析和机器学习,加强车辆动态风险预警的方案或措施,扣5分		

附 录

续上表

考评指标	考评要点		分值	评分标准	考评评价	得分
十七、车辆运营安全监管情况	1.信息化监管	②积极开发运行过程预警产品,应对车辆运行和服务过程进行实时监控,及时预警异常情况或风险场景	5	1.未对车辆运行和服务过程进行实时监控的,扣5分; 2.未及时预警异常情况或风险场景的,扣5分		
	2.基本运营规则	①配备专职人员负责监控车辆行驶动态情况,分析处理动态信息	5	1.未配备专职人员负责监控车辆行驶情况,扣5分; 2.未对车辆行驶轨迹数据进行分析的,扣5分		
		②对车辆实时动态监控,实现行驶安全驾驶监控、车辆行驶地理位置监控,分析处理动态信息	5	1.未监控全部车辆行驶动态情况,扣3分; 2.未处理分析车辆动态信息,扣2分		
十八、车辆暂停派单与退出情况	1.暂停派单	①应对车辆行驶状态信息进行定期核查,发现存在异常状态的暂停其服务资质: ——逾期未检验; ——嫌疑车、被盗抢、事故逃逸; ——注销、扣留、查封	10	1.对逾期未检验的车辆进行派单的,每起扣5分; 2.对嫌疑车、被盗抢、事故逃逸的车辆进行派单的,每起扣5分; 3.对于注销、扣留、查封的车辆进行派单的,每起扣5分		
		②及时暂停对发生交通事故的车辆派单,直至提供修理后证明	5	未让发生事故的车辆提供修理证明情况继续派单的,扣5分		
	2.退出管理	①对行驶里程达到60万千米,或行驶里程未达到60万千米但使用年限达到8年的车辆,应及时停止派单,并强制车辆退出平台	10	1.未停止对行驶里程达到60万千米,或行驶里程未达到60万千米但使用年限达到8年的车辆继续派单的,扣5分; 2.未对行驶里程达到60万千米,或行驶里程未达到60万千米但使用年限达到8年的车辆采取强制退出平台的,扣5分		
		②严格执行车辆的强制报废制度,加强临近报废车辆的技术监管,及时处理临近报废车的安全隐患	5	未按车辆强制报废制度对车辆进行报废处理的,扣5分		
		③及时清退发生重大交通事故的车辆,保障车辆性能安全	5	未及时清退发生重大交通事故的车辆,扣5分		

Ⅵ 我国关于出租汽车行业的政策文件

我国关于出租汽车行业的政策文件见附表-8。

我国关于出租汽车行业的政策文件　　　　　　　附表-8

文件名称	发文机关与字号	效力级别	发布日期	实施日期
《关于进一步开展打击"黑车"等非法从事出租汽车经营活动的通知》	交通运输部（厅运字〔2013〕21号）	部门规范性文件	2013.01.17	2013.01.17
《关于规范发展出租汽车电召服务的通知》	交通运输部（交运发〔2013〕144号）	部门规范性文件	2013.02.21	2013.02.21
《关于促进手机软件召车等出租汽车电召服务有序发展的通知》	交通运输部（交办运〔2014〕137号）	部门工作文件	2014.07.09	2014.07.09
《出租汽车经营服务管理规定》（已被修改）	交通运输部（2014年第16号）	部门工作文件	2014.09.30	2015.01.01
《关于废止〈城市出租汽车管理办法〉的决定》	住房和城乡建设部、公安部（第30号）	部门规章	2016.03.16	2016.03.16
《关于深化改革推进出租汽车行业健康发展的指导意见》	国务院办公厅（国办发〔2016〕58号）	国务院规范性文件	2016.07.26	2016.07.26
《关于贯彻落实〈国务院办公厅关于深化改革推进出租汽车行业健康发展的指导意见〉的通知》	交通运输部（交运发〔2016〕135号）	部门工作文件	2016.07.27	2016.07.27
《网络预约出租汽车经营服务管理暂行办法》（已被修改）	交通运输部、工业和信息化部、公安部、国家互联网信息办公室等（2016年第60号）	部门规章	2016.07.27	2016.11.01
《关于修改〈出租汽车驾驶员从业资格管理规定〉的决定》	交通运输部（2016年第63号）	部门规章	2016.08.26	2016.10.01

附 录

续上表

文件名称	发文机关与字号	效力级别	发布日期	实施日期
《关于修改〈出租汽车经营服务管理规定〉的决定》	交通运输部（2016年第64号）	部门规章	2016.08.26	2016.11.01
《关于发布〈网络预约出租汽车运营服务规范〉和〈巡游出租汽车运营服务规范〉2项交通运输行业标准的公告》	交通运输部（第51号）	部门工作文件	2016.10.21	2016.11.01
《关于网络预约出租汽车车辆准入和退出有关工作流程的通知》	交通运输部（交办运〔2016〕144号）	部门规范性文件	2016.11.07	2016.11.07
《关于印发〈网络预约出租汽车监管信息交互平台运行管理办法〉的通知》	交通运输部（交办运〔2018〕24号）	部门规范性文件	2018.02.13	2018.03.01
《关于切实做好出租汽车驾驶员背景核查与监管等有关工作的通知》	交通运输部、公安部（交办运〔2018〕32号）	部门规范性文件	2018.03.04	2018.03.04
《关于印发〈出租汽车服务质量信誉考核办法〉的通知》	交通运输部（交办运〔2018〕58号）	部门规范性文件	2018.05.14	2018.06.01
《关于加强网络预约出租汽车行业事中事后联合监管有关工作的通知》	交通运输部、工信部等（交办运〔2018〕68号）	部门规范性文件	2018.05.30	2018.05.30
《关于进一步加强网络预约出租汽车和私人小客车合乘安全管理的紧急通知》	交通运输部、公安部（交办运〔2018〕119号）	部门工作文件	2018.09.10	2018.09.10
《关于修改〈网络预约出租汽车经营服务管理暂行办法〉的决定》	交通运输部、公安部、工信部等（交办运〔2018〕119号）	部门规章	2019.12.28	2019.12.28

参 考 文 献

[1] Felson M, Spaeth JL. Community Structure and Collaborative Consumption: A Routine Activity Approach[J]. American Behavioral Scientist. 1978;21(4):614-624.

[2] 罗宾,蔡斯,王芮. 共享经济:重构未来商业新模式[J]. 中国房地产, 2015 (10Z):76.

[3] 国家信息中心. 中国共享经济发展报告[EB/OL]. 国家信息中心官网 http://www.sic.gov.cn/News/568/10429.htm.

[4] 交通运输部. 2015年交通运输行业发展统计公报[EB/OL]. 中华人民共和国交通运输部官网,http://xxgk.mot.gov.cn/jigou/zhghs/201605/t20160506_2976374.html.

[5] 交通运输部. 2016年交通运输行业发展统计公报[EB/OL]. 中华人民共和国交通运输部官网,http://xxgk.mot.gov.cn/jigou/zhghs/201704/t20170417_2976503.html.

[6] 交通运输部. 2017年交通运输行业发展统计公报[EB/OL]. 中华人民共和国交通运输部官网,http://www.gov.cn/xinwen/2018-03/30/content_5278569.html.

[7] 交通运输部. 2018年交通运输行业发展统计公报[EB/OL]. 中华人民共和国交通运输部官网,http://xxgk.mot.gov.cn/jigou/zhghs/201904/t20190412_3186720.html.

[8] 交通运输部. 2019年交通运输行业发展统计公报[EB/OL]. 中华人民共和国中央人民政府官网,http://www.gov.cn/xinwen/2020-05/12/content_5510817.html.

[9] 中国互联网络信息中心. 第45次中国互联网络发展状况统计报告[EB/OL]. 中华人民共和国国家互联网信息办公室官网,http://www.cac.gov.cn/2020-04/27/c_1589535470378587.htm.

[10] 易观分析. 网约车行业数字化升级——易观:2019年网约车市场增速放缓,行业侧重提升供给能力、推动电动化进程、升级产品服务,持续调整以更好地出发[EB/OL]. https://www.analysys.cn/article/detail/20019691.

[11] 陈贤. 从出行聚合到生态聚合,从网约车十年历程看未来趋势[EB/OL]. https://mp.weixin.qq.com/s/migsW631Uaz_8Mmh9-Bamg

[12] 包容审慎监管不是放任不管[EB/OL]. 中国交通新闻网. http://www.zgjtb.com/2018-05/08/content_145325.htm

[13] 交通运输新业态不是"法外之地"[EB/OL]. 中国交通新闻网. http://www.zgjtb.com/2018-05/07/content_145207.htm

[14] 互联网交通运输企业切莫"店大欺客"[EB/OL]. 中国交通新闻网. http://www.zgjtb.com/2018-05/09/content_145423.htm

[15] 滴滴出行科技有限公司. 滴滴网约车安全标准(Q/DDCX 001—2019)[S]. 滴滴出行科技有限公司,2019.

[16] 最高人民法院. 网络约车与传统出租车服务过程中犯罪情况[EB/OL]. 网经社. http://www.100ec.cn/detail—6472340.html.

[17] 北京建筑大学,北京交通工程学会,等. 网络预约出租汽车平台公司安全运营自律规范

(T/CCTAS 11—2020)[S].中国交通运输协会共享出行分会,2020.
［18］极光大数据.网约车出行安全用户信心研究报告[EB/OL].中文互联网数据资讯网. http://www.199it.com/archives/979049.html.
［19］陈一新.网约车平台与驾驶员间法律关系厘定[J].天津法学,2017,033(004):51-58.
［20］吴少华,涂巧妍.网约车驾驶人权益保护现状审视与思考——以"私家车+网络预约平台"模式为例[J].法制与经济,2019,000(003):70-73.